新时期保险理论与实践探索

张　旸◎著

中国商业出版社

图书在版编目（CIP）数据

新时期保险理论与实践探索 / 张旸著 . -- 北京 : 中国商业出版社 , 2021.11

ISBN 978-7-5208-1965-7

Ⅰ . ①新… Ⅱ . ①张… Ⅲ . ①保险学－研究 Ⅳ . ① F840

中国版本图书馆 CIP 数据核字（2021）第 245326 号

责任编辑：于子豹　袁　娜

中国商业出版社出版发行

010—63180647　www.c-cbook.com

（100053　北京广安门内报国寺 1 号）

新华书店经销

三河市德贤弘印务有限公司印刷

*　*　*　*　*

710 毫米 ×1000 毫米　16 开　11.5 印张　193 千字

2022 年 6 月第 1 版　2022 年 6 月第 1 次印刷

定价：86.00 元

*　*　*　*

前　言

PREFACE

在当前信息化浪潮风起云涌的大背景下，现代经济金融体系更是呈现出快节奏的变化趋势。从国际范围来看，世界各国的经济发展波动性越来越大，不确定性越来越显著，全球性的经济疲软也越发明显。另外，金融科技迅速崛起，为金融领域的发展带来了新的契机，无论是保险业的基础理论、行业实践，还是行业业态等，在可以预见的未来都可能发生深刻而重大的变革。

基于以上发展态势，我们本着求真务实和对读者负责的态度，时刻关注保险行业和市场的发展变化情况，努力紧跟时代发展潮流，与时俱进，力求追赶保险市场最新的态势。

本书共有六章内容。第一章作为全书开篇，首先对新时期保险进行了系统论述，从保险的内涵、本质、分类、职能、原则和其发展的历史过程进行了详细的展开描述，为其他章节内容的阐述说明奠定了理论基础。第二章为本书的过渡章，让读者对新时期保险行业的现状有大致了解，通过分析新时期保险行业面临的机遇与挑战、存在的问题、借鉴国外经验，为下文保险行业各方面的展开营造特定氛围，将话题引向新时期保险行业，起到一种衔接上下文的作用，确保全书研究主题的上下连贯。第三章至第六章可以看作一个整体，是对新时期保险行业的展开，从业务分类、保险的经营管理、科技与创新、保险市场与监管体系等方面进行一一阐释，各章间联系紧密、逻辑清晰。

本书顺应新时代保险行业发展的要求，聚焦这一大众普遍关注的社会热点话题，通过介绍保险行业与保险市场等各项内容，对国内外大量相关研究文献进行系统的梳理、总结和评估。这对我国保险事业的健康发展是一次有益的探索，对从事保险工作与研究的人群具有实际的参考价值和借鉴作用。总体来讲，本书的特点，主要呈现在下列几个方面。

第一，亮点、创新点突出。本书第四章与第五章是两个较突出的亮点章节。第四章从新时期保险的经营管理这个角度出发，分别从保险经营情况、新时期保险经营的业务管理、新时期营销管理策略等方面综合分析，具有很强的现实指导意义。第五章着重强调科技在新时代保险行业中发挥着重要作用，首先介绍了科技对保险业创新的引导，其次具体探讨了科技对保险业智能化发展的促进，为保险业发展开辟新思路。

第二，注意进行对比。本书第二章针对我国自身发展存在的问题、机遇与挑战，同其他国家保险行业发展情况进行对比，从国外的发展经验中找到与之相适应的内容，并加以借鉴。可以说，这种分析在逻辑思维上是清晰的，容易被读者接受。

第三，体系完整。从内容上而言，本书涵盖了较为完整的保险相关方面的理论，不仅阐述了保险行业相关的理论知识，而且结合、借鉴了保险行业发展较快较完善国家的保险实例，并对新时期我国保险行业的发展进行了论述和展望，具有一定的完整性，实现了理论与实践的紧密结合。

在撰写本书的过程中，作者不仅参阅、引用了很多国内外相关文献资料，而且得到了同事亲朋的鼎力相助，在此一并表示衷心的感谢。由于作者水平有限，书中如有疏漏之处，恳请同行专家以及广大读者批评指正。

作　者

2021 年 7 月

目　录

CONTENTS

第一章　新时期保险基本理论及发展历程

保险源于风险的存在。我国自古就有“天有不测风云，人有旦夕祸福”和“未雨绸缪”“积谷防饥”的说法。在现实生活中，不论是“不测风云”还是“旦夕祸福”，都是由客观存在的风险引起的。无风险则无保险，风险是保险产生和发展的基础，是保险存在的前提；风险是保险发展的客观依据。保险是人们用来对付风险和处理风险发生后所造成的经济损失的一种有效手段，是最有效的风险管理方式。

第一节　新时期保险的内涵与本质

一、保险的内涵

“保险”一词，在我们的日常生活中指的是“稳妥可靠”的意思。但在保险学中，“保险”一词有其特定的深刻含义。

就其自然属性而言，保险是集合具有同类危险的众多单位或个人，以合理计算风险分担金的形式，实现对少数成员因该危险事故所致经济损失的补偿行为。这一定义具有普遍适用性，既适用于合作保险、相互保险，也适用于商业保险。通常，我们所说的保险是指狭义的保险，即商业保险。本书讨论的保险，也主要是商业保险。①

就其社会属性而言，对保险的理解有很多不同的角度。从经济角度看，保险是分摊意外事故损失的一种财务安排；从法律角度看，保险是一种民事法律主体之间的合同行为；从社会角度看，保险是社会生产生活的稳定器；从风险管理角度看，保险则是经济单位转移风险的一种方法。简单而言，保险的本质即是指在参与平均分担损失补偿的单位或个

① 林秀清主编．保险理论与实务[M]．北京：北京理工大学出版社，2010.

人之间形成的一种分配关系。

二、保险的本质

保险的本质是指保险的社会属性。简单来说，就是指在参与平均分担风险补偿损失的单位或个人之间形成的一种分配关系。与人们对风险的理解一样，人们对保险也是从许多不同的角度做出解释的。

1. 保险是以经济合同方式建立保险关系，集合多数单位或个人的风险，合理计收分摊，由此对特定的灾害事故造成的经济损失及人身伤亡提供资金保障的一种经济形式。

2. 保险是以一种集中起来的保险费建立保险基金，用于补偿被保险人因自然灾害或意外事故造成的经济损失，或对个人因死亡、伤残给付保险金的一种方法。

3. 保险是一种经济补偿制度，它通过收取少量保险费的方法，承担被保险人约定的风险。当被保险人一旦发生约定的自然灾害、意外事故而遭受财产损失及人身伤亡时，保险人给予经济补偿。

4. 保险是一种社会工具，这一社会工具可以进行损失的数理预测，并对损失者提供补偿。补偿基金来自所有那些希望转移风险的社会成员所做的贡献。

5. 保险是一种复杂而精巧的机制，它将风险从某个个人转移到团体，并在一个公平的基础上由团体中的所有成员来分担损失。

6. 保险既是一种经济制度，也是一种法律关系。从经济制度的角度来说，保险是为了确保经济生活的安定，对特定风险事故或特定事件的发生所导致的损失，运用多数单位的集体力量，根据合理的计算，共同建立基金，进行补偿或给付的经济制度；从法律的角度来看保险是根据法律规定或当事人的双方约定，一方承担支付保险费的义务，换取另一方对其因意外事故或特定事件的出现所导致的损失负责经济补偿或给付的权利的法律关系。

第二节　区分不同的保险

一、根据保险标的不同划分

根据保险标的不同,保险可分为财产保险和人身保险。

(一)财产保险

财产保险是指以财产及其相关利益为保险标的的保险,包括财产损失保险、责任保险、信用保险、保证保险。

1. 财产损失保险

这是以物质财产及有关利益为保险标的的保险。包括企业财产保险、家庭财产保险、运输工具保险、货物运输保险、建筑安装保险。

2. 责任保险

这是以被保险人对第三者依法应负的赔偿责任为保险标的的保险。包括公众责任保险、产品责任保险、雇主责任保险、职业责任保险。

3. 信用保险

这是权利人向保险人投保债务人的信用风险的一种保险。它是由债权人投保,以债务人信用作为保险标的,在债务人未能如约履行债务清偿时,由保险人向债权人提供风险保障。

4. 保证保险

这是义务人(被保证人)根据权利人的要求,要求保险人向权利人担保义务人自己信用的保险。它是由债务人投保以自身信用作为保险标的,由保险人向债权人提供风险保障。

(二)人身保险

人身保险是以人的生命和身体为保险标的的保险,是以生存、年老、伤残、疾病、死亡等人身风险为保险事故的一种保险。当被保险人在保险期间因保险事故发生或生存到保险期满,保险人依照合同对被保险人给付约定的保险金，包括人寿保险、健康保险和意外伤害保险。

二、根据保险的性质不同划分

根据保险的性质不同，保险可分为商业保险、社会保险和政策保险。

（一）商业保险

商业保险是指保险人按商业原则经营以营利为目的，与被保险方建立的一种等价的保险关系。

（二）社会保险

社会保险是指在既定的社会政策的指导下由国家通过立法手段对公民强制征收保险费形成保险基金，用于对其中因年老、疾病、生育、伤残、死亡和失业而导致丧失劳动能力或失去工作机会的成员提供基本生活保障的一种社会保障制度。

（三）政策保险

政策保险是指为贯彻一定的国家政策，以国家财政为后盾所建立的一种不以营利为目的的保险关系。开办政策保险是因为有些保险业务不便并入社会保险，也难以完全按照商业保险方式来经营。例如，为实现促进国际贸易政策而开办的输出保险。[①]

三、根据保险的业务承保方式不同划分

相据保险的业务承保方式不同，保险分为原保险、再保险、重复保险和共同保险。

（一）原保险

原保险是保险人与投保人签订保险合同，构成投保人与保险人权利和义务关系的保险。

---

① 唐东升，张霞主编．保险理论与实务[M]．北京：北京理工大学出版社，2017.

（二）再保险

再保险是保险人通过订立合同，将自己已经承保的风险，转移给另一个或几个保险人，以降低自己所面临的风险的保险行为。这种风险转嫁方式是原保险人对原承保业务风险的纵向转嫁，即第二次风险转嫁。简单地说，再保险即“保险人的保险”。

（三）重复保险

重复保险是投保人对同一保险标的、同一保险利益、同一风险事故在同一保险期间，分别向两个以上保险人订立保险合同，并且保险金额总和超过保险价值的保险。

（四）共同保险

共同保险是由两个或两个以上的保险人联合，直接承保同一保险标的、同一保险利益、同一保险事故，而保险金额之和不超过保险价值的保险。

四、根据保险的保障对象不同划分

根据保险的保障对象不同，保险可分为团体保险和个人保险。

（一）团体保险

团体保险一般用于人身保险，它是用一份总的保险合同，向一个团体中的众多成员提供人身保障的保险。

（二）个人保险

个人保险是为满足个人和家庭的需要，以个人作为投保人的保险，投保人为自然人，如家用汽车保险、家庭财产保险等。

五、根据保险的实施方式不同划分

根据保险的实施方式不同，保险可分为自愿保险和强制保险。

(一)自愿保险

自愿保险是投保人和保险人在平等互利、等价有偿原则的基础上,通过协商,采取自愿方式签订保险合同建立的一种保险关系。

(二)强制保险

强制保险又称"法定保险",是指根据国家颁布的有关法律和法规,凡是在规定范围内的单位或个人,不管愿意与否都必须参加的保险如机动车交通事故责任强制保险、社会保险等。

六、根据保险承保的风险不同划分

根据保险承保的风险不同,保险可分为单一风险保险和综合风险保险。

(一)单一风险保险

单一风险保险是指保险人仅对被保险人面临的某一种风险提供的保险。

(二)综合风险保险

综合风险保险是指保险人对被保险人面临的两种或两种以上的风险承担赔偿责任。

第三节 了解保险的职能

保险的职能是指保险内在的固有功能,它是由保险的本质和内容决定的。我国与国外的保险理论界和实务界对保险的职能存在不同的认识。但是,一般认为,保险具有分摊损失、补偿损失以及防灾防损和融通资金的职能。其中,分摊损失和补偿损失是保险的基本职能,防灾防损和融通资金是保险的派生职能。

一、保险的基本职能

（一）分摊损失职能

保险是一种转移风险的方法，这种方法是建立在灾害事故发生的偶然性和必然性基础上的。保险把集中在某一单位或个人（被保险人）身上的、因偶发灾害事故或人身伤亡事件所致的经济损失，通过收取保险费的办法平均分摊给所有被保险人，这就是保险的分摊损失的职能。

对个体来说，灾害事故的发生是偶然的和不确定的，但对于面临相同危险的群体来说，灾害事故的发生却是必然的和确定的，这使得保险可以作为一种分摊损失的方法。这种分摊损失建立在危险事故发生的偶然性和必然性这一矛盾对立统一的基础上。

投保人愿意以缴付小额确定的保险费来换取对大额不确定损失的补偿，而保险人通过向众多的投保人收取保险费来分摊被保险人中少数不幸成员遭受的损失，将相对少数成员的损失转嫁由所有投保成员共同来承担。

（二）补偿损失职能

保险的补偿损失职能是指在特定的风险损失发生时，在保险的有效期和保险合同约定的责任范围以及保险金额内，按照实际的损失金额给予赔付。这种赔付使得已经存在的社会财富因为灾害事故所导致的实际损失在价值上得到补偿，在使用价值上得到恢复，从而使社会再生产过程得到延续。

按照保险合同对遭受灾害事故损失的单位和个人进行经济补偿是保险的目的，分摊损失是经济补偿的一种手段，没有分摊损失就无法进行保险补偿，这两者是相互依存的。保险的产生和发展都是为了满足补偿灾害事故损失的需要，积累资金并不是保险的目的，而是保险赔偿和给付的条件。补偿损失是保险的核心职能。分摊损失和补偿损失这两个保险的基本职能是分别从手段和目的两个不同的角度对保险过程考察的结果。①

① 张建军主编．保险理论与实务[M]．西安：西安电子科学技术大学出版社，2020.

补偿损失职能是就财产保险和责任保险而言的，而对人身保险来说，因为人的生命价值的特殊性而不能以货币来表示人身保险的返还性和非补偿性，所以人身保险的基本职能是给付保险金。补偿损失或给付保险金职能的行使在不同的险种中有不同的方式：在财产保险中体现为补偿被保险人因灾害事故造成的经济损失；在人身保险中体现为对被保险人或其指定的受益人支付约定的保险金。

二、保险的派生职能

随着社会生产力的发展和经济制度的变迁，在保险的基本职能的基础上又派生了一些新的职能，并不断完善。保险的派生职能有两大项：防灾防损职能和融通资金职能。

（一）防灾防损职能

保险的防灾防损职能是指保险人介入防灾防损活动，防止灾害事故的发生和防止损失的扩大，提高社会的防灾防损水平，发挥保险防灾防损的社会职能。这一职能体现了保险双方的共同利益。在处理风险时，风险发生前的预防、风险事故发生时的施救和损失发生后的补偿是几个紧密联系的环节。做好保险事故的预防就能减轻后两者的损失或偿付，这是最重要的一环。当前防灾防损是社会共同的任务，社会上有不少专职的防灾防损部门，如公安消防、交通安全、防震、防汛、防洪等部门。

从被保险人的角度看，显然也是极不愿意灾害事故发生的。因为一旦发生了灾害事故，保险人首先要勘察该灾害事故是否属于保险事故，只有属于保险事故，保险人才会履行保险责任。而即使属于保险事故，对灾害事故所造成的损失，保险人根据保险合同有关免额条款的规定，应由被保险人自己负担部分的损失额，保险人是不负责赔偿的。这样从保险人那里所能得到的补偿款也往往小于被保险人所遭受的损失，更何况因受损财产无法使用而产生时间上的损失就更难得到弥补了。所以，保险人也有做好标的物的防灾防损的内在动力。

（二）融通资金职能

保险的融通资金职能是指保险人把聚集起来的保险基金中暂时闲

置不用的部分用于投资或融资，目的是使资金保值增值，增强保险人的偿付能力。由于保险费是预付的，保险赔偿或给付责任要在整个保险期内履行，加上损失发生与赔付之间存在间隔、历年赔付率变动、巨灾损失发生的可能性等因素，保险公司要提留各种准备金。因此，保险费的缴纳与保险金的补偿和给付之间所具有的时间差为保险公司运用资金提供了可能。保险公司的资金来源主要是资本金、总准备金或公积金、各种准备金及未分配盈余。

事实证明，保险业务越是发展，投资职能越显得重要。投资业务和承保业务是保险公司发展的两个必不可少的轮子，缺少了哪一个轮子，保险公司都无法健康发展。

投资在保险经营中有很重要的地位。多年来，美国财产和意外保险业经常发生承保亏损，然而，投资收入弥补了承保损失，使财产和意外保险业保持盈利。一些大保险公司都下设投资公司或集团，将投资作为保险经营的主要业务之一，投资集团为本公司以及外界提供广泛的投资和资产管理业务，包括股票、债券、抵押贷款、房地产和共同基金的投资和管理。

保险的投资职能是派生职能，保险基金首先要承担补偿职能，所以保险基金的运用首先要考虑保险的偿付能力，在资金运用方面要坚持安全性、盈利性、流动性、多样性和社会性的投资原则。我国的投资原则主要考虑安全性、盈利性、流动性。国际上保险公司的投资领域主要是购买债券、股票、不动产，用于贷款和银行存款。目前，我国保险公司的投资渠道主要有银行存款、股票、债券、证券投资基金份额、不动产和国务院允许的其他资金运用形式。

第四节　保险遵循的基本原则

一、最大诚信原则

（一）最大诚信原则的含义和意义

最大诚信原则为保险合同当事人订立合同及合同有效期内，应依法向对方提供足以影响对方做出订约与履约决定的全部实质性重要事实，同时绝对信守合同订立的约定与承诺。否则,受到损害的一方,按民事立法规定可以此为由宣布合同无效,或解除合同,或不履行合同约定的义务或责任,甚至对因此受到的损害还可以要求对方予以赔偿。

所谓诚实,就是一方当事人对另一方当事人不得隐瞒、欺骗;所谓信用,就是任何一方当事人都得善意地、全面地履行自己的义务。从理论上讲,最大诚信原则对保险双方当事人都具有约束力,但在保险实践中,由于保险双方在业务中所处的地位不同,因此,这一原则主要还是针对投保人或被保险人提出的,目的主要是保护保险人的权益。具体来说,投保人想把风险转嫁出去,对要保标的的风险情况最清楚,他可以事先了解保险条款和保险单内容,而后决定是否投保,因而处于主动地位;而保险人除了调查所得的情况外一无所知,只能根据投保人的陈述来决定是否承保和如何承保,若投保人陈述不实或有意欺骗,保险人是难以发现的。

(二)最大诚信原则的基本内容

最大诚信原则的基本内容体现在三方面:告知、保证、弃权与禁止反言。

1. 告知

告知是指双方当事人就标的物的有关情况如实地向对方加以陈述。对保险人而言,告知是指保险人应主动向投保人说明保险合同条款内容,如果保险合同中规定有关保险人责任免除条款的,在订立保险合同时应当向投保人明确说明。

告知对投保人主要是指投保人在订立保险合同时将与保险标的有关的重要事实如实向保险人作的口头或书面的陈述。广义的告知义务还包括保险期限内保险标的的风险程度增加时被保险人的通知义务、保险事故发生时被保险人的及时通知义务、保险标的出现重复保险时和保险标的发生所有权转让时,必须通知保险人的义务。所谓重要事实,是指足以影响一个正常的、谨慎的保险人决定是否承保,或者据以确定保险费率,或者是在保险合同中增加特别约定条款的情况,包括有关投保人和被保险人的情况,有关保险标的的情况,风险因素及以往遭到其他保险人拒保的事实。例如,房屋的结构及用途;汽车有无撞车的历史;船舶保险中船舶的船龄、船级、船籍以及是否有过海损记录情况;人寿保险中被保险人的年龄、性别、健康状况、既往病史、家族遗传病史、居住环境、职业、嗜好等。

由于各国保险立法不同,告知的内容和方法各不相同。采用无限告知立法形式的,法律上不对告知的内容作具体规定,只要实际上与保险标的的风险状况有关的重要事实,投保人都有告知的义务。采用询问告知立法形式的,投保人仅就保险人对保险标的或者被保险人的有关情况提出的询问如实告知;凡保险人知道或应当知道的情况,保险人未询问的,投保人无须告知。这种立法形式对投保人较为有利。因为投保人只要尽其所知回答保险人的询问,就算履行了告知义务;对保险人未询问的事实,即便是重要事实,投保人不仅无义务告知,也不构成对告知的违反。《中华人民共和国保险法》第十六条规定,"订立保险合同,保险人就保险标的或者被保险人的有关情况提出询问的,投保人应当如实告知"。

2. 保证

保证是指双方当事人的行为或不行为。保证对保险人的要求主要表现为:在保险事故发生或合同约定的条件满足后,保险人应按合同约定如实履行赔偿或给付义务。保证对投保人而言主要是指:按时缴纳保费、维护标的物的安全、标的物发生损失时及时进行抢救以及标的物出险后维护现场和配合保险人及有关部门进行调查等。保证不同于告知,英国著名的大法官曼斯菲尔德说过这样一句话:"告知与保证不同,告知仅须实质上正确即可,而保证则必须严格遵守。"

保证根据存在的形式来划分,可以分为明示保证和默示保证;根据保证事项是否已确实存在,保证又可分为确认保证和承诺保证。

明示保证是以条款形式在合同中载明的,这种条款可以作为保险单的一部分,被保险人必须遵守,否则保险人可以宣告保险合同无效。如汽车保险条款列明"被保险人或其雇用的司机,对被保险的汽车应当妥善维护,使其处于适宜驾驶状态,以防止发生事故"。又如,在家庭财产保险条款中列有"不准堆放危险品"的保证条款;在英国的保险单上则列有"证明我们填报的投保单各项事实属实,并作为合同的基础"这样的保证条款,这些都属于明示保证。

默示保证是指保证虽然在保险单中没有载明,但从习惯上或社会公认的角度看,被保险人应该保证作某种行为或不作某种行为。默示保证与明示保证一样，被保险人也必须严格遵守，如有违背或破坏，保险人可宣告保险合同无效。默示保证在海上保险中有很重要的意义，例如船舶保险单要求保险船舶必须有适航能力，即要使船舶的所有方面包括船舶的结构、设备和给养，以及船长资格等都能合理地适于所投保船次的一般海上风险；在航行中要按预定航线航行，非因避难不得绕航或改变航程；必须经营合法的运输业务等。这些都不在保单中载明，而是被公认的默示保证。例如，某船的船长进行走私活动，船东知道这一情况未加制止，后来该船在某国被扣留。由于船东即被保险人违反合法航行的默示保证，保险人对船舶被扣的损失不负责任。

承诺保证是指某一事项现在如此，将来必继续如此。例如，某投保人为其仓库投保火险，因仓库装有自动灭火设备，得以享受优待费率，但投保人须在保险期限内使灭火装置保持良好可用的状态，否则即破坏了保证。

确认保证则是指某一事项现在如此，而不涉及将来的情况。例如，某投保人投保汽车保险时，说明在过去的三年内，没有发生保险人中途终止契约的事情，这就是确认保证。

3. 弃权与禁止反言

弃权，是指双方当事人任何一方放弃在保险合同中可以主张的某种权利。禁止反言，是指一方当事人放弃了合同中可以主张的权利，日后不得再重新主张这种权利。

人寿保险中不可抗辩条款规定，对被保险方告知不实或隐瞒行为，保险方可以以违反最大诚信原则为由解除合同，但是保险方亦不许滥用这个权力，保险方只能在合同订立之后一定期限内(一般为两年)，以被保险人告知不实或隐瞒为由解除合同，如果超过规定期限没有解除合同，则视为保险人已经放弃这一权力，不得再以此为由解除合同。

(三)违反最大诚信原则的处理

1. 告知的违反及处理

(1)投保方未履行或者违反告知义务的法律后果

投保人故意隐瞒事实，不履行如实告知义务，保险人有权解除保险合同，并对保险合同解除前发生的保险事故，不承担赔偿或给付保险金的责任,不退还保险费。

未行告知以影响保险人决定是否同意承保或者提高保险费率的,保险人有权解除保险合同,未告知事实对保险事故的发生有严重影响的,保险人对于保险合同解除前发生的保险事故,不承担赔偿或者给付保险金的责任,但可以退还保险费。

被保险人或者受益人在未发生保险事故的情况下,谎称发生了保险事故,向保险人提出赔偿或者给付保险金的请求的,保险人有权解除保险合同,并不退还保险费。

(2)保人履行告知

对于保险人来说,保险合同中规定有关保险人责任免除条款的,保险人在订立合同时未履行责任免除明确说明义务,该保险合同责任免除条款无效,即自保险合同成立时起对投保人不产生效力。保险人在承保时务必加以重视,严格遵守,避免产生不必要的分歧。

2. 违反保证的处理

保证是保险合同的基础,被保险人或投保人违反保证,保险合同得以成立的依据就失去了。因而,各国司法界对保险合同中保证条款的把握都十分严格。被保险人违反保证不论是否有过失,亦不论是否给保险人带来损害,保险人均可解除合同,并不负赔偿责任,除人寿保险外一般也不退还保险费。对于违反保证的处理还应当坚持客观的和实事求是的分析原则。从被保险人违反保证的原因来分析,如果是属于被保险人方面的原因未履行保证义务的,保险人自其违约之日起不负赔偿责任,也不退还保险费;如果是由于不可抗力的原因使被保险人不能履行保证义务的,例如法令改变、环境改变等,保险人可解除合同也可修改保证条件,增收保险费以继续承保。从违反保证条款的性质来分析,对承诺性保证,被保险人违反前已发生保险事故的,保险人应负赔偿责任;而违反后发生保险事故的,保险人不负赔偿责任。对确认性保证,如果保证不真实,保险人不负赔偿责任,如果确认的情况非被保险人的原因而发生变化,保险人应负赔偿责任。

保险人违反保证,拒不履行保险合同约定的赔偿或者给付保险金的义务,将依法追究其经济责任,构成犯罪的,依法追究其刑事责任,并由保险监管部门对保险人及违法行为的工作人员处以一定罚款。

二、保险利益原则

（一）保险利益原则的含义和意义

保险利益原则是保险行业中的一个基本原则，又称“可保利总”或“可保权益”原则。所谓保险利益，是指投保人或被保险人对其所保标的具有法律所承认的权益或利害关系。即在保险事故发生时，可能遭受的损失或失去的利益。《中华人民共和国保险法》第十二条最后一款规定：“保险利益是指投保人或者被保险人对保险标的具有法律上承认的利益。”英国早在1745年的《海商法》中就规定：“没有可保利益的，或除保险单以外没有其他合法利益证明的，或通过赌博方式订立的海上保险合同无效。”英国1774年的《人寿保险法》也确立了保险利益原则，该法规定：“人寿保险的投保人与被保险人之间必须具有保险利益，否则合同无效。”英国《1906年海上保险法》将没有保险利益的保险合同视为赌博合同而无效。我国保险法第十二条第一款也规定：“人身保险的投保人在保险合同订立时，对被保险人应当具有保险利益。”“财产保险的被保险人在保险事故发生时，对保险标的应当具有保险利益。”

保险利益原则作为保险法的一项基本原则，有它的重要作用。首先，可以减少道德风险的发生。保险利益原则要求投保人或被保险人对保险标的具有保险利益，保险人的赔付以被保险人遭受损失为前提，这就可以防止投保人或被保险人放任或促使其不具有保险利益的保险标的发生保险事故，以谋取保险赔偿。其次，可使危险因素相对稳定。危险因素的变化会直接影响保险关系，而保险利益的变动正是导致危险因素发生变化的一个重要原因。再次，可限制赔偿程度。保险利益是保险人所补偿损失的最高限额，被保险人所主张的赔偿金额不得超过其保险利益的金额或价值。如果不坚持这个原则，投保人或被保险人可能会获得与所受损失不相称的高额赔偿，从而损害保险人的利益。最后，有消除赌博的可能性。保险与赌博的区别就在于保险中存在保险利益，赌博中不存在，如果投保人对于保险标的不具有保险利益，就意味着投保人可以不受损失而得到赔偿。

（二）保险利益的要件

1. 必须是法律认可的利益

保险利益必须是符合法律规定，符合社会公共秩序要求，为法律认可并受到法律保护的利益。如果投保人以非法律认可的利益投保，则保险合同无效。

2. 必须是经济上的利益

保险利益必须是可以用货币、金钱计算和估价的利益。保险不能补偿被保险人遭受的非经济上的损失。例如精神创伤、刑事处罚、政治上的打击等，虽与当事人有利害关系，但这种利害关系不是经济上的，不能构成保险利益。但人身保险的保险利益不纯粹以经济上的利益为限。

3. 必须是确定的利益

保险利益必须是已经确定的利益或者能够确定的利益。这包括两层含义：第一，该利益能够以货币形式估价。如属无价之宝而不能确定价格，保险人则难以承保。第二，该利益不是当事人主观估价的，而是事实上的或客观上的利益。所谓事实上的利益，包括现有利益和期待利益（预期利益）。运费保险、利润损失保险均直接以预期利益作为保险标的。

（三）财产保险的保险利益

此处的财产保险指广义而言，包括一般财产保险、责任保险、保证保险、信用保险以及海上保险等。财产保险的保险利益为以下人员所享有。

（1）所有权人对其所有的财产。

（2）有使用收益、处分权中的一项或几项权利的人，如经营管理人对其经营管理的财产的处分权利。

（3）他物权人对依法享有他物权的财产，如承租人对承租的房屋。

（4）公民、法人对其因侵权行为或合同而可能承担的民事赔偿责任。

（5）保险人对保险标的的保险责任。

（6）债权人对现有的或期待的债权等。

上述当事人中,没有限制的所有权人对其所有的财产享有的保险利益最为充分。

保险利益的存在是投保人或被保险人获得保险赔偿的必要前提。英国《1906年海上保险法》第六条规定:“虽然投保时被保险人无须对保险标的具有保险利益,但保险标的发生损失时,被保险人必须对其具有保险利益……被保险人如在损失发生时,对保险标的无保险利益,在知晓损失发生后,不能由于采取了任何行为或抉择而获得该项利益。”从此以后,这一规定为国际上所通用。

在财产保险中,订约时不一定需要投保人或被保险人的保险利益存在,但当损失发生时,要求有保险利益。如果某人在订约时存在保险利益,但发生保险事故时不存在,则他没有遭受损失,不能获得补偿。反之,如果某人在订约时没有保险利益,或保险利益尚未归属,但是,发生保险事故时他已获得该财产的保险利益,则他遭受了实际损失,应得到保险赔偿。

为了防止道德危险或赌博,各国法律均规定,保险利益的获得必须是一个正常的、自然的过程。如果被保险人在保险标的发生损失时无保险利益,为获得保险赔偿,他通过采取措施获得该标的的保险利益,则这种保险利益是无效的。

(四)人身保险的保险利益

人身保险的投保人应当对保险标的具有保险利益。其基本的原则是:如果投保人对保险标的不具有保险利益,则受益人或受让人得具有保险利益;如果受让人或受益人不具有保险标的的保险利益,则投保人得具有保险利益。

人身保险利益的数额,各国的保险立法通常没有规定。

首先,保险利益的确认。

依照国际惯例,下列投保人具有保险利益。

(1)本人。投保人为自己的生命、身体、健康投保,具有保险利益。如果投保人指定他人为受益人,应视为投保人将自己的利益转移,是处分自己权利的民事行为,受法律保护。

(2)一定范围内的亲属。一般认为,夫妻之间、父母子女之间相互具有保险利益。有的国家立法规定,永久共同生活的亲属之间具有保险利益。投保人与其他亲属之间,原则上必须有金钱利益的证明,才能具有保险利益。

(3)人保利益。

(4)债权人对债务人有保险利益。该项保险利益以债务人实际承担的债务为限。

(5)本人对为其管理财产或具有其他利益关系的人具有保险利益。例如,企业对其重要人员(如总经理、总经济师)的生命有保险利益;合伙关系中,合伙人对其他任一合伙人的生命有保险利益;雇佣者或委托人对于受雇人或受托人的生命具有保险利益。

其次,保险利益存在的时间。

各国的保险立法继承了这一原则,对人寿保险,仅要求投保人订约之时对被保险人具有保险利益,而不问保险事故发生时利益存在的时间问题。

三、近因原则

(一)近因原则的含义和意义

近因是引起保险标的损失的最直接、最有效、起决定性作用的原因,而不是指时间上或空间上最接近的原因。英国学者约翰·T.斯蒂尔将近因定义为:“近因是指引起一系列事件发生,并由此导致某种后果的能动的、起决定作用的原因。”1924年,英国上议院宣读的法官判词中对近因做了进一步的说明:“近因是指处于支配地位或者起决定作用的原因,即使在时间上它并不是最近的。”近因原则是保险法的基本原则之一,其含义为只有在导致保险事故的近因属于保险责任范围内时,保险人才应承担保险责任。也就是说,保险人承担赔偿责任的范围应限于以承保风险为近因造成的损失。

(二)近因原则的案例适用

按照近因原则,如果是单一原因导致保险损失的,则只需判断该原因是否为保险合同所约定的保险事故,适用较为容易。但存在多个原因的,近因原则的适用较为复杂。

第一,保险损失由一系列原因引起,前一原因(即诱因)是否构成“近因”应判断各原因之间是否存在因果关系及性质。

一是各原因之间不存在因果关系的，前一原因（即诱因）不构成“近因”。比如保险船舶因大雾偏离航线搁浅受损，近因是大雾导致船舶搁浅，超载和不适航与大雾没有因果关系因而不是近因。

二是各因之间存在因果关系的，则应判断因果关系的性质。不存在必然因果关系的不构成“近因”。比如保险车辆遭受暴雨浸泡气缸进水，强行启动发动机导致发动机受损，近因是强行启动发动机，暴雨并不必然导致发动机受损，因而不是近因。存在必然因果关系的构成“近因”。比如著名的艾思宁顿诉意外保险公司案中，被保险人打猎时从树上掉下来受伤，爬到公路边等待救援时因夜间天冷又染上肺炎死亡，肺炎是从树上掉下来的意外事故之必然，因而是近因。是否存在必然因果关系有争议的，则取决于法官自由裁量。比如投保人被车辆碰擦，送往医院后不治身亡，死亡原因是心肌梗死，车祸是不是心肌梗死的诱因，即构成死亡的近因取决于法官自由裁量。

第二，多个致损原因，其中对保险事故的发生起直接的、决定性作用的原因是近因。比如船舶开航前船长因病不能出航，经港监批准由大副临时代理船长，航行途中三副纵火造成火灾事故，三副与大副之间有矛盾不是近因，三副故意纵火才是火灾事故损失的近因。

第三，多个致损原因共同作用导致保险事故，则多个原因均是近因。比如非典型肺炎致人死亡，单纯慢性病或“非典”均不会产生被保险人死亡的后果，但在两者共同作用下必然会导致死亡的结果，则“非典”与慢性病均可视为死亡的近因。

（三）近因的识别

损失发生的原因可以归纳为三种类型。

第一，多种原因同时作用，即并列发生。在这种情况下，承保损失的近因必须归咎于决定性有效的原因，即这个原因具有现实性、支配性、决定性和有效性。其他原因并不是承保危险，其不决定损失的发生，只决定损失程度轻重、大小。

第二，多种原因随最初发生的原因不可避免地顺序发生。在此情形下，近因是效果上最接近于损失，而不是时间上最接近于损失的原因。

第三，多种原因相继发生，但其因果链由于新干预因素而中断。如果这种新干预原因具有现实性、支配性和有效性,那么在此之前的原因就被新干预原因所取代,变成远因而不被考虑。远因是否为承保危险并不重要,同时如果没有远因就不会发生损失也不重要。损失的近因归咎于具有支配性有效的新干预的原因。如果某个原因仅仅是增加了损失的程度或者扩大了损失的范围,则此种原因不能构成近因。

在保险业务实践中,一些案件还存在着同时存在两个近因的特殊情况。在这类情况下,又存在三种不同的情况:第一,两个原因都属于保险责任或者除外责任;第二,其中一个原因属于保险责任,另一个原因属于非承保责任;第三,其中一个原因属于保险责任,另一个原因属于除外责任。第一种情况比较好处理,属于保险责任的保险人承担赔偿责任,属于除外责任的,则不承担赔偿责任。第二种情况也不难处理,如果损失的原因都是近因,其中一个属于保单项下的保险责任,而另一个属于非承保责任(即保单并未明确规定的除外责任),那么保险人在一般情况下要对全部损失承担赔偿责任。第三种情况细分还有以下两种情况。

(1)两个近因同时发生并相互依存。

(2)两个近因同时发生但相互独立。

在第(1)种情况下,如果两个近因同时发生且相互依存,没有另一个近因,任何一个近因都不会单独造成损失,此时除外责任优于保险责任,即保险人对全部损失不承担赔偿责任。在第(2)种情况下,两个近因相互独立,哪个近因没另一个近因也会造成损失,那么被保险人对于承保危险所造成的损失部分可以获得保险赔偿,但对除外责任的近因所造成的损失,保险人不予赔偿。

四、补偿原则

(一)损失补偿原则的含义

损失补偿原则,是指当保险事故发生时,被保险人从保险人所得到的赔偿应为保险金额范围内的损失。通过补偿使被保险标的在经济上恢复到受损前的状态不允许被保险人因损失而获得额外的利益。损失补偿原则是补偿性保险合同,如财产保险、补偿性医疗保险理赔中的一项基本准则。

(二)损失补偿原则的适用

1. 损失补偿原则的补偿限制

保险人在运用补偿原则时,在补偿金额上应掌握几个限度,即经济补偿应以实际损失为限、以保险金额为限、以保险利益为限。

(1)以实际损失为限

在补偿性保险合同中,保险标的遭受损失后,保险赔偿以被保险人所遭受的实际损失为限,如一辆汽车投保时按市价确定保险金额为 9 万元,发生保险事故时的市场价为 7 万元,保险人只赔偿 7 万元。

(2)以保险金额为限

保险金额是指保险人承担赔偿或者给付保险金责任的最高限额。保险金额是以保险人已收取的保险费为条件确定的保险最高责任限额。

如某房屋投保时按市场价值确立保险金额为 20 万元,发生保险事故全损,全损时的市场价为 25 万元,被保险人的实际损失虽然为 25 万元,但保险人只能按保险金额 20 万元赔偿。

(3)以保险利益为限

保险人的赔偿以被保险人所具有的保险利益为前提条件和最高限额,被保险人所得的赔偿以其对受损标的的保险利益为最高限额。

如某企业以价值 200 万元的厂房作抵押贷款 150 万元,发生保险事故厂房全损,若贷款已经收回,则银行投保的保险合同无效,银行无权索赔。

2. 损失补偿的范围和方式

(1)损失补偿的范围

被保险人遭受的实际损失,主要包括保险事故发生时保险标的的实际损失、合理费用和其他费用。

(2)损失补偿的方式

损失补偿方式:

在保险金额限度内,按照实际损失赔偿。其公式是:

(A)当损失金额≤保险金额时:赔偿金额 = 损失金额

(B)当损失金额 > 保险金额时:赔偿金额 = 保险金额

比例赔偿方式：

这种赔偿方式是在不足额保险情况下，按保障程度计算赔偿金额，即保险金额与损失当时保险财产的实际价值比例计算。计算公式是：

赔偿全额 = 损失金额 ×（保险全额 / 损失当时保险财产的实际价值）

限额赔偿方式：

A. 固定责任赔偿方式。这是保险人在订立保险合同时规定保险保障的标准限额，保险人只对实际价值低于标准保障限额之差予以赔偿的方式。这种方式适用于农作物保险，计算公式是：

赔偿金额 = 限额责任 – 实际收获量

B. 免赔额赔偿方式。这是指保险人事先规定一个免赔额，即保险合同中明确规定的保险人不予赔付的承保损失部分，在损失超过该额度时才予以赔偿的一种方式。

（三）损失补偿原则的例外

1. 人寿保险。人寿保险合同不是补偿性合同，而是定额保险合同，一旦被保险人死亡，受益人将获得一定金额的给付，而不是补偿。

2. 在发生损失时很难确定其实际价值，因此被保险人与保险人就以保险单签发时的价值作为协议价格。

3. 被保险人重置或建保险标的所需费用或成本确定保险金额的保险。这样就可能出现保险赔款大于实际损失的情况。

（四）损失补偿原则的派生原则

1. 重复保险的分摊原则

重复保险是指投保人对同一保险标的、同一保险利益、同一保险事故分别向两个或两个以上保险人订立保险合同。在重复保险条件下，为了避免被保险人因发生保险事故而获得超额赔偿，各保险人之间一般采取比例责任分担的方式进行损失分担。我国保险法规定，重复保险的保险金额总和超过保险价值的，各保险人的赔偿金额的总和不得超过保险价值。除合同另有约定外，各保险人按照其保险金额与保险金额总和的比例承担赔偿责任。

2. 代位求偿原则

代位求偿，是指因第三者对保险标的的损害造成保险事故时，保险人向被保险人赔偿保险金后，在赔偿金额范围内取代被保险人的地位行使向第三者请求赔偿的权利。

第五节　保险的发展历程

一、社会保险的产生与发展

（一）社会保险的产生

学术界一般公认现代社会保险制度最早产生于德国。1883 年德国颁布了《疾病社会保险法》，这是世界上第一部社会保险法律，标志着现代社会保险制度的诞生。1884 年德国实行《工伤保险法》，1889 年又实行《养老、残疾、死亡保险法》，从此，社会保险体系便初步建立起来。随后，欧美等工业化国家也相继建立起不同项目的社会保险制度。

到了 19 世纪，美国、法国、德国、日本等国家先后完成产业革命，进入工业化社会。进入工业化社会后，社会化的大机器生产使家庭不再是生产单位，农民离开家庭进入城市做工，原有的大家庭结构不复存在。近代产业工人队伍出现，工人在资本家的工厂里劳动以换取生活资料养家糊口。在资本主义发展的初期，一方面由于当时客观的限制，劳动保护意识和水平都很低；另一方面由于资本家生产经营的主要目的是最大限度地获取利润，根本不重视工人的劳动环境和劳动条件的改善。因此，恶劣的劳动环境造成疾病的流行和传播，操作机器也使工伤事故不断发生。但同时工人们得到的工资收入十分低廉，个人根本无法支付看病治伤的医疗费用。

在工业化进展的过程中，工人自发组织的私人保险和互助制度，曾对社会保险制度的形成产生过重大影响。早在 17 世纪和 18 世纪，英国就出现了工人举办的“友谊社”和“工会俱乐部”等私人自助机构。到 19 世纪，又相继出现了“信托储蓄银行”“建筑社”“合作社”等互助组织。其中，“友谊社”是较典型的一种。“友谊社”是一种由工人自愿组建起来，为自己成员提供保险津贴的组织。只要成员缴纳一定数额的互助金，在生病时就可以得到补助，年老时可以得到年金，死亡时可以得到一笔安葬费等。“友谊社”在19世纪发展得非常快。1825年，每个“友谊社”平均有成员200人，总人数达到92万人。到19世纪80年代末，“友谊社”成员总数进一步增至约450万人。[①]

德国之所以先于其他走上工业化道路的国家制定并实施社会保险制度，除了有早期类似英国互助互济的工人社团的原因外，还有自身特定的历史原因。

第一，政治稳定的需要。

第二，德国拥有一套完整和高效率的普鲁士行政官僚体系。长期以来形成的普鲁士行政管理机构为现代社会保险制度的运行奠定了良好的基础。因为社会保险是国家实施的一项社会保护政策，其责任主体是政府，主要依靠政府工作人员的工作为社会成员提供服务。因此，国家行政机构的设置和工作人员的素质是保障这一制度有效运转的关键因素。在这一点，当时德国占有较大的优势。

（二）社会保险发展的早期阶段及特点

继德国1883年创立社会保险制度后，世界的其他一些国家，特别是欧洲各国也先后建立了不同项目的社会保险制度。这个时期，各国纷纷仿效德国建立社会保险制度，说明社会保险确实符合社会和经济发展的普遍需要。但另一方面也可看出，社会保险制度毕竟初步确立，还未形成完整的科学体系。

1929—1933年间发生了世界性经济危机，造成巨大的社会震荡，使大量工厂倒闭，大批工人失业。人们强烈要求社会变革，获得生活保障。1935年8月，美国国会通过以社会保险为主体的《社会保障法》。这是第一个由联邦政府承担义务的、全国性的社会保障立法，它主要是解决失业和老年问题。虽然比起欧洲发达的资本主义国家，美国实施社会保障政策要晚得多，但却成为第一个制定《社会保障法》的国家。《社会保障法》的颁布，意味着社会保障在全球最终形成一种制度，同时，“社会保障”这个概念也逐渐被广泛使用。

① 夏敬编著．社会保险理论与实务第2版[M]．大连：东北财经大学出版社，2011．

20 世纪 30 年代的经济大危机，也给英国造成严重的社会问题。面对失业人数剧增的现实，英国政府不得不修正有关社会保险的法案，于 1934 年和 1936 年先后通过《失业法》《农业失业法》《国民健康保险法》。

20 世纪 30 年代形成的瑞典经济学派认为，经济学的目标在于使人人得到福利，主张国家调节经济，实行收入再分配，主张通过国家的社会经济政策实现收入和财富分配的均等化。瑞典经济学派的思想成为瑞典后来推行“福利国家”的理论基础。瑞典 1934 年开始实行失业保险计划，并于 1935 年和 1937 年两度修改养老金条例。

这个时期，实行社会保险计划的国家越来越多，实施的项目也逐步扩大。除上面提到的英国和瑞典外，法国、丹麦、挪威、芬兰等国也分别建立了有关疾病、老年和失业方面的保险制度。

从 1883 年德国第一部《疾病社会保险法》的颁布，到第二次世界大战前 50 多年的历史中，社会保险制度已经在不少国家，尤其是在发达的资本主义国家得到初步发展，社会保险体系也得到初步的建立。但比起第二次世界大战后的发展，这个时期具有以下几个特点。

（1）社会保险主要是作为政府的应急措施推出，还没有成为国家的长期发展战略和经济发展的配套措施。当时，出于尽快摆脱经济危机的考虑，欧美等国强化了国家干预经济以及扩大社会保障支出的政策。

（2）社会保险的范围尚不广泛。此时的社会保险计划的实施对象主要针对受雇者，以解决其失业、工伤和退休问题。而在第二次世界大战后，有些国家将这一计划发展成向全体社会成员提供“从摇篮到坟墓”均有保障的社会福利政策。

（3）社会保险的体系还不完整。不少国家虽然建立了某一种或某几种社会保险项目，但还没有形成按照劳动者或全体公民可能遭遇的所有风险设计的一整套社会保险计划。第二次世界大战后，各国尤其是欧美及一些社会主义国家均完成了社会保险的体系建设。

（4）社会保险的功能侧重“治疗”。此时的社会保险，作为社会安全政策，主要是为遭遇风险的劳动者提供收入补偿，如向因工受伤者提供伤残津贴，向失业者提供失业救济金等，属于善后的措施。第二次世界大战后，社会保险的功能逐步发展到“治疗”与“预防”并举。如日本将失业保险改为雇佣保险，瑞典的失业保险制度既包括失业津贴制度，又包括积极的劳动市场政策。

（三）战后社会保险的重建与全面发展

第二次世界大战期间，许多国家的社会保险政策的执行一度停滞，但战后随着经济复苏，社会保险制度得到重建，并获得全面发展。第二次世界大战后社会保险获得充分发展的标志，是西欧和北欧一些国家纷纷建立了“福利国家”。

第二次世界大战之后社会保险与社会福利在西方国家大发展的原因主要有以下几个方面。

第一，社会主义思想的影响。20世纪40年代中期，即第二次世界大战结束不久，西欧各国政府普遍对20世纪30年代的经济危机和第二次世界大战进行反思，吸收社会主义的某些思想，给公民以更加全面和更加普遍的生活照顾，使他们能尽快地从战争的阴影中走出来，医治战争的创伤。

第二，政党竞选的需要。第二次世界大战后，各国政党在竞选中都以社会保险和社会福利作为赢得选票的重要手段。在竞选时向选民承诺提高待遇水平，上台后就要增加这项公共开支。每届政府都在其前任的基础上增加投入，使社会保险和福利费用支出日益膨胀。

第三，与奉行凯恩斯主义相联系。凯恩斯主义认为，失业和经济危机是由于有效需求不足造成的，提出必须摒弃传统的自由放任政策，由国家积极干预经济生活，依靠政府调节经济（包括增加公共开支）的政策主张。凯恩斯主义成为许多西方国家政府制定经济和社会政策的指导思想。

二、社会保险的改革与发展趋势

社会保险制度经过第二次世界大战后30年的辉煌发展，问题也在不断涌现，从而进入调整和改革的新阶段。

（一）社会保险改革调整的背景与原因

进入20世纪70年代，整个西方世界在经历了国际货币体系的瓦解和能源、原料的危机后出现了通货膨胀加剧、经济增长停滞等一系列经济问题。法国经济学家皮埃尔－莱昂在其《世界经济与社会史》中提到，从 1968 年到 1974 年至 1975 年间，不时发生的经济危机从根本上打击了西方世界的经济结构，使这些国家的经济平衡遭到破坏，1973 年西班牙物价上涨了 15%，法国上涨了 12%，意大利上涨了 10%，德国上涨了 7.8%。美国在一次对大型工业企业的抽样调查中发现，1966 年至 1974 年间，企业的利润率从 15% 下降到 8%，甚至更低的水平，而且，降幅还随着通货膨胀的爆发加大。结果，从 1971 年至 1972 年，意大利失业率上升了 24%，英国上升了 46%，德国上升了 60%，法国上升了 72%，美国上升了 73%。

在社会保险发展的黄金时期，即第二次世界大战后到 20 世纪 70 年代初，绝大多数西方国家都迅速扩大政府开支，其增长速度普遍高于经济增长速度。如 1960 年至 1975 年，英国实际社会开支每年平均增长 8%，同期，国民经济增长速度与社会福利开支增长速度之比为 1∶1.96。

在公费医疗制度中，患者得不到很好的治疗；享受福利待遇的公民与主管福利事业的政府官员之间缺乏理解和共识，作为公民一方，认为享有社会保障是应该的，因为他们是纳税者，而政府官员却将此事看作政府给予公民的恩赐，他们不应该有所挑剔和抱怨。他们对待工作缺乏热情，态度冷淡。日趋臃肿的政府管理机构，并没有提高管理效率，反而形成了官僚主义作风和“衙门化”倾向。

综上所述的种种被称为“英国病”和“瑞典病”的这些问题，在其他国家也普遍存在。瑞典许多经济学家则认为“瑞典病的最大原因是公共部门的扩大速度一直比国民生产总值增长的速度快”。看来，以“福利国家”为典型的西方社会保险与福利制度已难以为继，改革势在必行。

（二）社会保险改革的主要措施

针对社会保险与福利制度出现的种种问题，进入 20 世纪 70 年代末 80 年代初以来，欧美国家围绕着社会保险制度怎样维持、如何发展的情况深度剖析。

两种意见出现了分歧，第一种重设社会保障制度，比如由国家主管的保险项目交由私营公司管理，以减轻国家负担和提高管理效率。另一种主张采取一些补救措施，维持现有制度的运转。现在大多数国家的改革属于第二种情况，只有南美洲的智利是第一种。

近 30 年的改革措施可以概括为两点：一是开源，增加保险费收入；二是节流，降低保险费支出，其目的是减轻政府的财政压力和提高社会保险制度的管理效率。具体办法如下：

（1）提高缴纳保险费的标准。如美国国会决定，将企业和雇员的保险费率由1977年的5.85%逐步提高到7.65%。目前，美国企业和雇员的实际保险费率均为7.65%。同时，相应调整用于计算缴纳保险费收入的上限，如美国将缴费的收入上限由1977年的16500美元逐步调整到53000美元，用此办法可以扩大社会保险缴费收入。

（2）增加缴费（税）项目。如法国1991年开始征收社会普遍贡献税（又称社会普遍附加税），按工资收入的2.4%征收，用于弥补社会保险基金不足。

（3）取消保障项目，降低待遇水平。如英国在1979年撒切尔夫人实行改革后，取消了工业受伤者的现金补贴，取消了收入在一定水平以下给予失业救济的规定，残障金补助削减了5%，地方政府负责的补贴削减了3.5%。经过政府几年的调整，节省了大约47亿英镑的福利开支。另外，据英国预测，由于人口老龄化，到2035年，投保人与保险受益人的比例将由2.3∶1下降到1.6∶1。对此，政府提出降低附加年金，将过去按投保人一生中收入最高的20年的平均收入计算年金改为按一生的平均工资计算，将附加年金的最高标准由相当于投保人一生中收入最高的20年的平均收入的25%降为20%。

（4）利用年金调整机制，降低养老金增长幅度。在社会保障信托基金储备下降到一定程度时，要在消费物价指数的上涨和平均工资增长幅度两者之间，取低者作为调整年金依据。瑞典从1994年开始，基本年金的“基数”不再完全与价格指数同步增长，而只增加它的60%。

（5）鼓励推迟退休，以增加保险基金收入和减少开支。如近年德国政府采取灵活退休年龄办法，人们可以在62～70岁期间选择退休时间，退休越迟，年金越高，目的在于相对缩短领取退休年金时间。瑞典规定，推迟到70岁退休的，每推迟1个月，增加原规定年金的0.6%；提前到60岁退休的，每提前1个月，降低原规定年金数的0.5%。

（6）基金筹集模式从现收现付制到基金部分积累制。为了应付人口老龄化对年金需求日益增长的问题，有些国家将长期以来一直实行的现收现付筹资方式改为部分积累的办法。如美国社会保障署精算专家预测，20年后，由于退休高潮到来，养老金支出急剧增加，开始动用积累金，到2040年用完。

尽管西方国家社会保险和福利制度困难重重，英国撒切尔政府的调整与改革措施激起了工党和公众的强烈反对。在 1987 年秋的一次盖洛普民意测验中,有 88% 的英国人反对改革医疗保健制度。

在瑞典统治了近 60 年的社会民主党,因为实行过度福利政策,在 1991 年被其他政党在大选中击败。瑞典 41 岁的年轻总理比尔特上台后大搞改革,取消了不少国家补贴,使无竞争力的企业倒闭,结果造成 20 多万人的失业,失业率升至 14%。一向以要面子、好强闻名的瑞典人曾因实行“瑞典模式”而受到全世界的重视,现在,这个模式被打破了,他们从感情上也难以接受和宽恕。在 1994 年选举中,出现了一片“打倒比尔特”的呼声,要求社民党前首相卡尔松重新执政,这也反映了人们的怀旧情绪。同年的民意调查显示,有 50% 以上的人认为多缴税是应该的,他们情愿为国家做出牺牲,这一点恰恰说明改革的难度。

1995 年 11 月 24 日开始,一场波及除农业外各个部门的全国性抗议及罢工浪潮在法国展开。当天,法国首都巴黎的火车因铁路员工罢工而停驶。11 月 27 日,公交汽车交通中断。11 月 28 日,地铁工人也加入罢工行列,并很快波及其他行业。巴黎陷入瘫痪,酿成了严重的社会、政治危机。除罢工外,许多工会组织还联合在一起组织若干次集会、游行示威活动。这场政治和社会危机的直接导火线是 1995 年 11 月 15 日政府公布了关于社会保险制度“结构性改革”的措施。这些措施包括:建立统一的医疗保险制度,强化地方政府管理,提高医院收费标准;扩大社会保险缴费基数,把各种形式的收入都作为缴费基数;提高部分社会保险项目缴费比例;开征偿还社会保险债务税,以消除社会保险债务;减少家庭补贴支出;延长公务员等获得全额养老金人中的工作年限等。有人说,法国的这场危机显示了西方近 50 年来的社会福利制度已经走进死胡同,唯一的出路就是改革,但改革的道路既漫长又艰辛。

(三)社会保险改革的发展趋势

与一些西方国家社会保险与福利制度陷入困境、改革步履艰难的窘况相比,智利养老保险制度的改革与成就则显示了勃勃生机。

智利在 1925 年就建立了以现收现付、政府机构管理为特征的养老保险制度。在 55 年(1925—1980 年)的发展过程中,这一传统的保险制度出现了一系列问题,主要表现为:

1. 养老金管理体系混乱。全国有 32 家社会保险公司,都是公立机构，各公司按不同经济成分、行业和职业分别管理，各公司的供款标准、享受条件、给付水平皆不同，造成退休人员在领取养老金时缺乏统一标准，从而形成不公平分配。

2. 管理效率低下。面对日渐增多的工作，各保险公司却未加强对管理人员的再培训和公司业务的合理化改善，以至于工作程序繁杂，官僚主义严重。退休者要等待 380 多天才能办完相应手续，领到退休金。各公司经营均为赤字，加重了国家负担，公众对其失去信任。

3. 国家财政负担沉重。智利也遇到了人口老龄化问题。20 世纪 70 年代连年提高保险费率，一度达到工资收入的 50%，仍避免不了巨大的、不断增加的财政亏空。据统计，1975 年政府直接调拨的资金占社会保险总支出的 25% 以上，而在其他国家最多占 10% 左右。

20 世纪 70 年代，军人集团推翻了阿连德政府，实行了军事专制统治。1980 年智利军政权颁布了新的《养老保险法》。"新制" 的主要特点是：

（1）个人账户。"新制" 规定，养老保险费完全由个人缴纳，雇主不缴费，但有责任替雇员代扣养老保险费。

目前的缴费率是个人工资的 10%，另外再加 2% 作为养老基金公司的佣金（管理费）。雇员缴纳的养老保险费全部记入个人账户，交由一家私营的养老基金管理公司（AFP）管理和经营，按年计息。个人账户的基本用途是缴费者达到规定条件后，用其支付养老金。

（2）养老基金由私人公司经营，个人账户交由 AFP 管理。AFP 是私营性质的股份公司，现全国有 8 家 AFP（最多时有 25 家）。AFP 最大的股东均是商业银行。缴费者可以自己选择任何一家 AFP 缴费，也可以更换公司。

（3）基金投资。政府允许 AFP 对养老基金进行广泛的投资，目前投资情况是：国债 35%；企业债券、股票 18%；银行发行的金融资产（存款、证券、信贷、可抵押贴现）18%；国外投资 13%。政府法规规定，各公司为个人账户计算不得低于全部 AFP 过去 12 个月养老基金平均投资回报率 2 个百分点。

（4）政府的规范化管理。主要表现在对"新制" 实行严格的、系统的、法制化的监督管理。通过政府机构养老金管理公司总监署管理私营公司；财政承担资金责任，包括负责个人账户储蓄不足或支取完毕的退休人员的最低养老保障和 AFP 破产后负责用户的最低养老金及高出部分的75%。

智利模式的出现在养老保险领域是一场根本性的变革,在它出现之初,没有人认为这是一种理智的选择,但时隔30年,它不仅坚持下来了,从1980年到2009年平均投资回报率是11.2%,养老金增长75%,已为6个拉美国家——阿根廷、玻利维亚、哥伦比亚、墨西哥、秘鲁和乌拉圭所采用(他们各自作了一些适当调整)。该制度的支持者们认为:①这项制度避免了旧的国家养老金计划所具有的效率差和不公平缺陷以及潜在的两代人之间的冲突。②改善资本和劳动市场的作用。作为主要改革措施之一,它在过去20多年中使经济增长从以往每年3%提高到每年6.5%。③减轻了政府的责任,政府由资金的主要筹集者变成监督管理者,减轻了企业负担,增加了企业的发展活力。④私营公司经营养老基金效益可观。各AFP十分注意资金营运效率,投资回报率颇佳,得到缴费者的拥护。

智利在其特有的政治、经济背景下,在一夜之间将传统的社会保险制度改变为养老储蓄基金制度,从总体上说,这一改革是成功的。智利所采用的具体办法,其他国家不一定全都适用,但从它的变革及成功中确实体现了社会保险制度发展前景的一些特质,即在传统的以公平为主的保险领域中加入更多的效率机制;在传统的国家责任领域增加更多的个人责任。其最终目的是减轻政府负担,提高管理效率。

值得一提的是,智利在推行“新制”的同时,还保留着“旧制”,形成两种制度和平共处的局面,并采取一些合理措施将“旧制”逐渐地过渡到“新制”。在改革中,过渡性措施的采用是非常明智的选择。任何不顾历史传统,不顾客观现实而冒进和急功近利式的突变都是很危险的。

事实上,不少工业化国家已经开始尝试向着社会保险管理领域引进私有化这个方向发展。在美国,商业界卷入社会政策的程度已经越来越深了。20世纪90年代末期,在美国的得克萨斯州,出现了由3家私人公司投标竞争接管整个州的福利体系的事件,这标志着20世纪90年代政府作用所发生的最大变化。

另一个社会保险的发展趋势是在养老保险领域职业年金(企业补充养老保险)地位的提升。工业化国家自20世纪80年代以来开始对养老保险制度进行改革,主要目的是减轻国家负担,并在此基础上提出了“三个支柱”的方案,即养老保险体系由公共年金、职业年金(或个人储蓄账户)和自愿的个人储蓄计划三个支柱构成。职业年金的地位越来越受到重视，这也是它近 20 年来快速增长的原因。

在日本，政府也允许雇员选择退出与收入关联的那部分公共年金计划，但是政府限定的条件比较严格，只有大公司的雇主才能获准。这些雇主必须保证提供比国家年金更优惠的条件，才能使其社会保障缴费有所减少，而且他们的基金必须交由政府认可的银行或保险公司运营。退出后的年金与物价指数挂钩，并且由政府担保。

从确定给付制（DB）变为确定缴费制（DC）。工业化国家职业年金计划长期以来大多是确定给付制的，但近 20 年来，职业年金计划采取确定缴费制的数量和基金规模都在增长。雇主更倾向于选择确定缴费制，因为这将分散雇主单方风险。

第二章　新时期保险行业现状

经历了保险行业初期的快速扩张后，目前我国保险行业处于稳定发展时期。从保险行业的各项指标可以看到，目前保险行业已经有了较大的规模，增速也日渐平稳。从近些年银保监会发布的保险方面的总体数据报告来看，我国保险行业在近阶段发展较快，保险行业在各项指标中基数较大，增速能保持两位数以上。

第一节　新时期保险行业面临的机遇与挑战

一、技术发展带来的机遇

保险公司在现今的互联网浪潮下，需要做出相应的改变。我们必须看到，互联网给整个社会带来了翻天覆地的变化。

（一）大数据技术

大数据本身是一个比较抽象的概念，单从字面来看，它表示数据规模庞大，但是仅数量上的庞大显然无法看出大数据这一概念和以往的“海量数据”（massive data）“超大规模数据”（very large data）等概念之间的区别。业界对大数据有 4 个公认的特点：规模性（volume）、多样性（variety）、高速性（velocity）和价值（value）（见图 2-1）。大数据是数据分析的前沿技术。简言之，从各种类型的数据中，快速获取有价值信息的能力就是大数据技术，这项技术正在颠覆越来越多的行业。

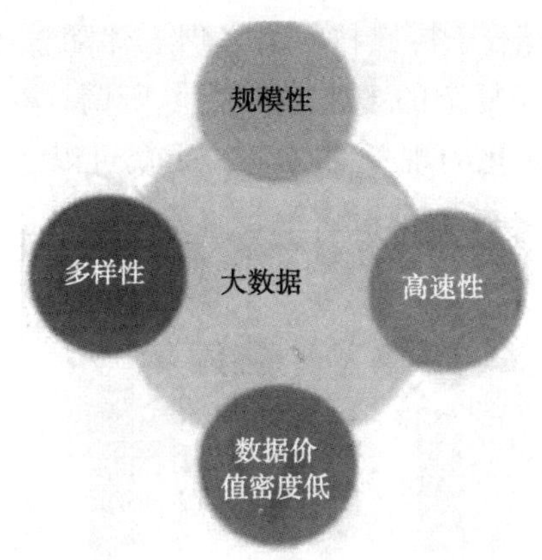

图 2-1　大数据的四个特征

美国于 2012 年提出《大数据研究和发展计划》后，我国政府也在 2012 年批复了“十二五国家政务信息化建设工程计划”，这为我国进入开放、共享和智能的大数据时代奠定了基础。

在金融行业，大数据能够解决金融领域海量数据储存、查询、优化以及声音、音效等非结构化数据的处理。这一技术的发展为目前保险行业领域的产品设计、客户管理以及风险管理提供了新的发展机遇。

（二）云计算

云计算（Cloud Computing）的概念最早是由美国 IBM 公司于 2007 年提出来的。IBM 在技术白皮书中把云计算定义为：“用来同时描述一个系统平台或者一种类型的应用程序，一个云计算的平台按需进行动态地部署（provision）、配置（configuration）、重新配置（reconfigure）以及取消服务（reprovision）等。云计算在描述应用方面，描述了一种可以通过互联网进行访问的可扩展的应用程序，‘云应用’使用大规模的数据中心以及功能强劲的服务器来运行网络应用程序与网络服务。任何一个用户通过合适的互联网接入设备以及一个标准的浏览器就能够访问一个云计算应用程序。”云计算具有大规模的资源共享、高扩展性、高可用性、快速部署、低成本等突出优点。

（三）多平台

除了大数据和云计算，“多平台”也是互联网发展的基础设施之一。

多平台的发展主要得益于传媒技术的发展。伴随着传媒技术的发展,消费又进入了一个错综复杂的多平台时代。所谓“多平台”,是指受众接受信息渠道日益多元化的现象。如今的受众可以通过传统媒体(报纸、广播、电视),传统互联网(台式机、笔记本电脑)、移动设备(智能手机、平板电脑、可穿戴设备)等方式来接收信息(见图 2-2)。

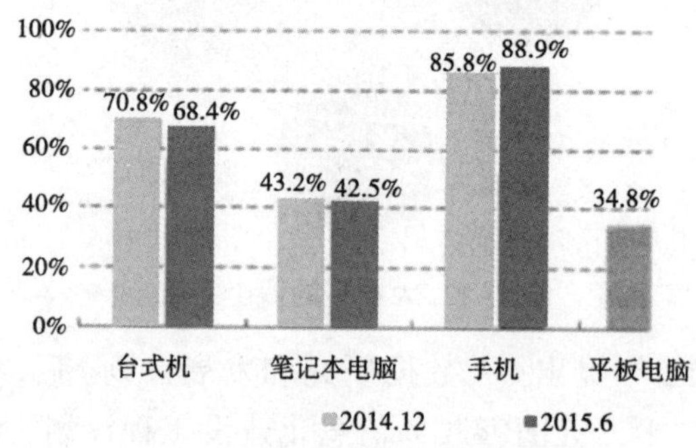

图 2-2 互联网接入设备使用情况

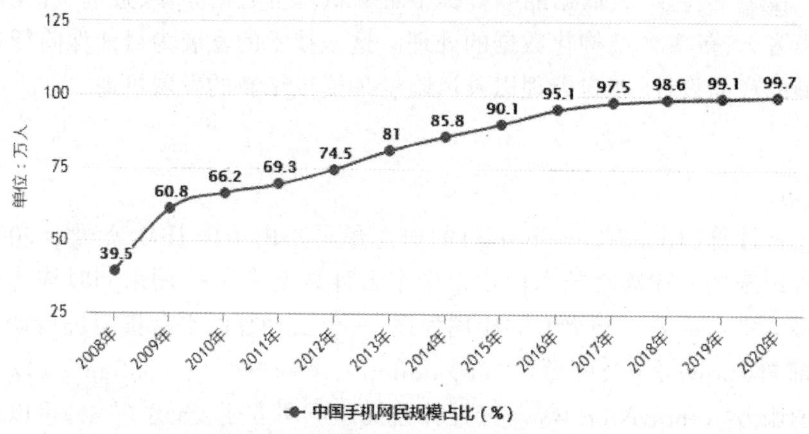

图 2-3 中国手机网民规模及其占总网民数的比例(单位:万人)

(四)移动互联网

就本质而言,移动互联网就是将移动通信和互联网二者结合起来成为一体。5G 时代的开启及移动终端设备的凸显必将为移动互联网的发展注入巨大的能量。移动互联网是一种通过智能移动终端,采用移动无线通信方式获取业务和服务的新兴业态,包含终端、软件和应用三个层面。终端层包括智能手机、平板电脑、电子书阅读器、MID 等;软件层包括操作系统、中间件、数据库和安全软件等。应用层包括休闲娱乐类、工具媒体类、商务财经类等不同应用与服务。

首先，从图 2–4 和图 2–5 可以看出，移动互联的“连接”作用直接将保险用户与保险公司提供的服务连接起来，从终端硬件、软件与应用，保险公司可以从多维角度加强与用户的联系，这将给保险公司服务能力带来巨大挑战。其次，随着移动互联网的发展，新技术也异军突起，例如移动支付的发展和 LBS 的发展将从“移动互联网入口 + 场景 + 支付”的商业模式开始，彻底颠覆保险行业。

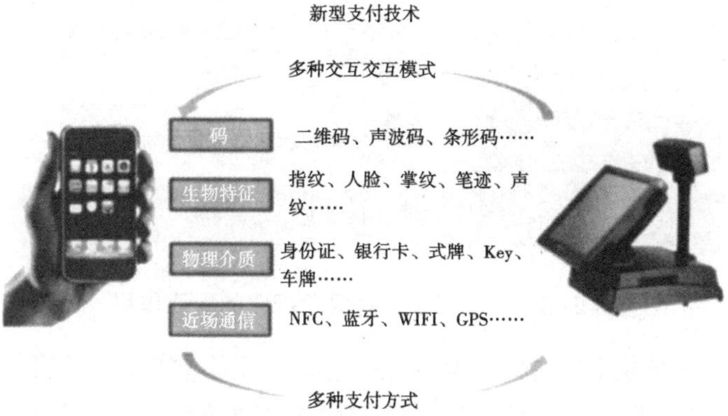

新型支付技术

多种交互交互模式

码　二维码、声波码、条形码……

生物特征　指纹、人脸、掌纹、笔迹、声纹……

物理介质　身份证、银行卡、式牌、Key、车牌……

近场通信　NFC、蓝牙、WIFI、GPS……

多种支付方式

图 2–4　未来有可能出现的支付模式[①]

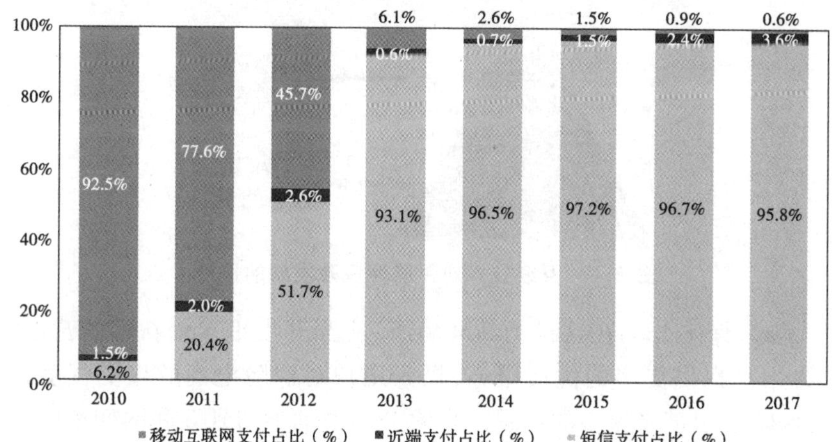

数据来源：艾瑞咨询。

图 2–5　2010—2017 年中国第三方移动支付市场交易规模结构

① 赵占波．互联网保险[M]．北京：首都经济贸易大学出版社，2017.

互联网新技术，诸如云计算、大数据、移动互联网、商业社交、O2O智能硬件等都会对未来的保险行业发展产生支持和促进作用。具体的作用如图 2-6 所示。

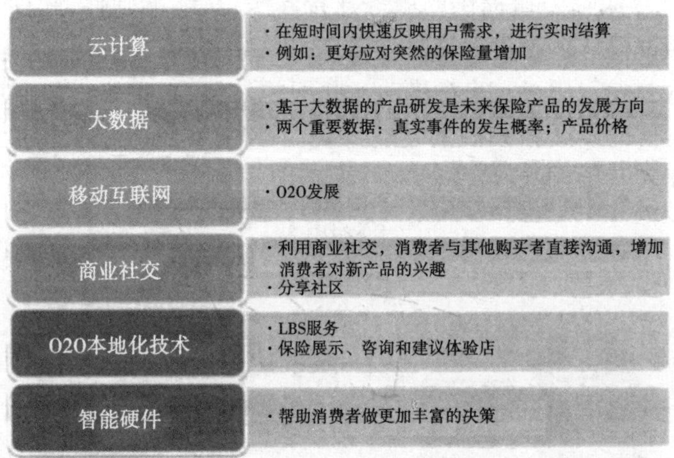

图 2-6　互联网技术对保险行业的重要作用

总之，大数据技术、移动互联、云计算和开放的平台是互联网保险创新必需的基础设施，而如果互联网保险公司能够充分利用 O2O 和商业社交的概念，更能够促进业务升级（见图 2-7）。

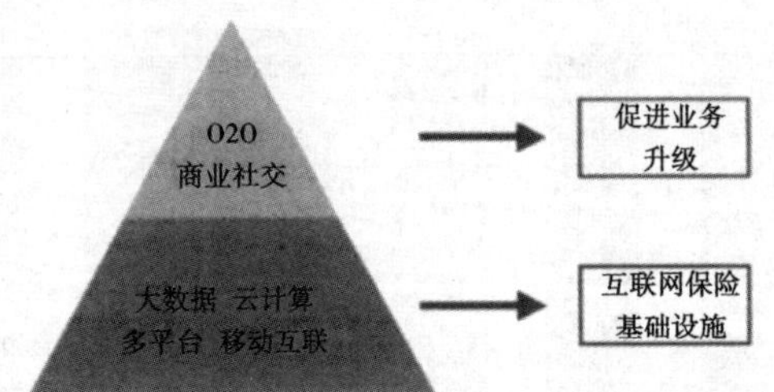

图 2-7　互联技术对互联网保险发展的作用

因此，保险公司在这样的新环境下，应当开发更多创新型的营销模式，为用户提供更多的优质服务，提升用户对保险电商的接受程度，这将为保险公司带来更多的机遇。保险公司主动参与到互联网变革中，可以获得的机遇有：

一是利用互联网思维，开拓互联网环境下的营销和服务渠道。

二是充分利用互联网提供的渠道，与用户实现更多的对接，获取更多的数据并进行细致分析。

三是利用互联网为用户提供更多精细化的产品。

从营销 4P 模型角度出发，互联网将为保险行业带来以下发展机遇（见图 2-8）。

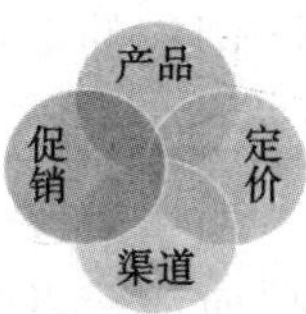

图 2-8　互联网给保险行业带来的四方面发展机遇

（1）从保险公司的角度而言，保险具有海量数据基础、市场发展空间大、提供非标产品（产品 + 服务）、效率低和用户痛点多的特点，这四点正是使保险行业易于在新互联经济时代进行转型的四大要素，它们也将成为保险借势互联网时代发展的优势。而互联网的发展，大量地消除了信息不对称，为保险产品的创新提供了无限机会。

（2）从定价来看，由于节省了销售管理成本，互联网渠道在产品定价方面比传统渠道更便宜、更灵活。在定价时可以提供适当弹性，同时鼓励客户网上自助投保。互联网可以做到将保险标的颗粒化，分散成可以单独定价、单独核保、单独理赔的最小粒度，达到个性化风险控制和精准定价。

（3）从渠道来看，互联网保险的发展对保险行业较为有利，主要因为互联网保险的发展将为保险行业增加新渠道。我国电子商务近几年来飞速发展，在保险行业表现也尤为明显。我国 2012—2020 年，大数据产业市场规模如图 2-9 所示。

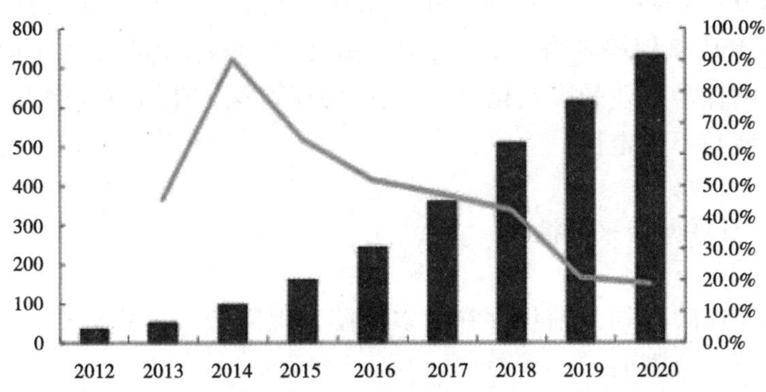

图 2-9　我国大数据产业市场规模（单位：亿元）

我国保险电子商务市场发展十分迅速。不论是保险公司、电商网站还是一些专门的保险电商平台,都在逐步深入这个行业。许多保险公司,尤其是一些大型机构,已经在自己的网站上销售保险产品。同时,作为一个新兴行业,专门从事保险销售的电商网站也如雨后春笋般涌现。对许多大商家而言,电商渠道使它们减少了对线下网点和营销人员的依赖。在传统的商业模式中,商家往往需要大量的线下网点,还需要许多线下营销成员。因此,商家需要向消费者推出自己的产品,就需要支付大量的营销成本。为了减少营销成本,许多商家将自己的产品搬到互联网上,通过互联网渠道向消费者分销,避免营销成本给商家带来的负担。

(4)从促销来看,可以利用互联网等电子手段来组织促销活动,以辅助和促进消费者对商品和服务的购买使用。促销活动的出发点是利用网络的优势实现与客户沟通,这种沟通有别于传统推销中的概念和方式更多的是挖掘潜在客户,一方面通过开展各类促销活动,另一方面利用网络营销的资源推动公司整体业务。传统企业最常见的打折促销模式在互联网中有了更进一步的发挥。互联网上可以进行免费促销。例如,保险公司为消费者免费提供客户端、第一单保险免费、返还积分、送赠品等活动。由于互联网上营销方式成本低(电子邮件促销、社交工具促销等形式成本几乎为零),互联网上的产品促销类型多样、形式新颖,能满足不同消费者的个性化需求。

互联经济时代还为保险构建新的营销模式提供了机会。生态圈营销模式不仅适合保险公司,也适合保险中介、专兼业代理和跨界营销的企业。此外,与保险行业处于同一个生态圈,诸如旅游、民航业和医疗等的快速发展将给现有的保险行业带来很多机会。互联网的发展促使很多原本不从事保险业务的公司,如去哪儿、京东等涉足保险行业,增加了互联网保险行业的多元化,也为互联网保险这一蓝海市场增添了更多新鲜血液与不确定性。

二、互联网带来的挑战

我国保险公司目前仍存在较多缺陷。保险公司面临的变革难点主要有以下几个方面。

一是传统渠道的营销费用与互联网渠道相对较低的交易成本形成的劣势。

二是市场对新兴的保险电商渠道接受程度不高。

在营销方面，保险公司若采用传统营销模式，不仅需要大量的网点，还需要招募很多营销人员，产生高额成本。以中国人寿为例，中国人寿现有近100万保险从业人员，传统营销模式占了很大比重。因此保险公司的营销费用甚至高达总费用的30%左右，这不仅是保险公司的负担，更会部分转嫁到消费者身上。而保险电商则可能会大大降低营销成本。这样，营销成本的巨大差异有可能使传统保险公司面临巨大的竞争劣势。如果这些保险公司不尽快转型，就有可能在市场竞争中处于劣势。

此外，我们也不得不正视一个事实，保险电商目前还是一个新兴行业，一方面，传统的保险经纪人良莠不齐，对保险行业造成了一些负面影响；另一方面，互联网上的风险也使许多用户不愿意通过互联网进行交易。因此，在这样的背景下，互联网上的保险往往很难得到大众的认同。如何打破这样的局面，使保险行业得到大众的接受，并使保险电商得到用户的认可，就成为一个难题。当前互联网保险的用户群有明显的年龄差异，其中，在80后、90后中接受程度相对较高，其他人群的接受比例有待进一步提高。中国的保险公司由于多年来一直沿用线下保险销售渠道，对传统的代理人、专业中介等渠道也产生了强烈的依赖。银行、保险销售人员、保险公司的利益错综复杂，而且保险购买者利用互联网渠道购买保险的比例虽然在提高，但总体接受程度并不是很高，当前通过互联网实现的保费总额相对于行业总保额的比例仍比较低。互联网浪潮的来临对保险行业来说带来的更多是挑战。

（一）保险产品设计得十分粗糙，不符合互联网个人精准化营销的要求

现阶段的保险产品设计面临着两大难题：一是产品开发能力弱，在保险产品开发方面常常显得心有余而力不足；二是保险产品的开发需要一批有经验的团队进行研发设计，这对保险从业人员有更高的要求。

（二）对保险从业人员的素质要求

传统的保险销售人员主要是通过线下渠道拓展和维护用户。在我国保险行业发展的早期，大量的保险销售人员促进了保险行业的发展。他们通过发展自身亲友之间的关系以及对潜在用户的拜访，使保险市场快速发展起来。因此，传统保险销售人员更多是利用自身人际关系的拓

展和个人对用户的影响力来拓展保险市场。这不仅使保险销售人员处于各自为战的分立状况，同时也使保险的销售面临高昂成本。在互联网环境下，新的市场环境对保险电商从业人员提出了更高的要求。保险电商从业人员不仅需要有较高的专业素质，还必须有团队合作精神和严密的分工。保险电商更多的是一个电商平台和互联网企业，因此不仅需要负责建立和维护网站的技术人员，同时还需要设计专门的交易和风控机制，并建立对应的营销策略。因此，保险电商人员更多的是需要专门技能。同时，保险电商人员还需要使自己的网站能够吸引更多的用户，促成更多的交易，这也对保险电商提出了更高的要求。除此之外，互联网还改变了传统保险销售的方式和格局。互联网使保险公司能够和用户有更多更频繁的联系，并拥有更多的实时数据和数据处理能力。这些都使保险能够与客户发生更多的互动，甚至拓展到健身、运动以及许多周边产业。这就要求保险电商人员对互联网产业有更深刻的了解，拥有互联网思维方式，理解数据的作用。我们可以看到，保险已经借助互联网渠道向手机终端、可穿戴设备、运动、物流等多个渠道拓展。把握行业发展趋势，抓住互联网中的机遇，成为保险电商从业人员的必备素质。

（三）忽略本职工作，服务产品创新少

随着保险行业逐步向社会资本开放，一些资金蜂拥而至。一些企业新进入保险行业，对行业规律和发展理念漠不关心。它们动机不纯，目的并不是想要做保障平台，而是欲通过保险牌照，收取保费后在市场做相应的资本运作，以求在投资端获取巨额收益或者用聚来的资金反哺产业。

2015年以来，保险公司在资本市场可谓风头极盛，保险资金在我国股市兴风作浪，完全违背保险公司长线、稳健甚至保守的投资风格。这些号称“保险”的资本逐步从风险保障者一跃变成风险制造者。最为保守的行业——保险却不顾风险违背规律，它们借助旗下的保险公司，主动投入高杠杆、高风险、高收入的资本游戏，屡屡做出让业界惊叹的动作：巨资砸向A股、不动产，辅之纵横捭阖的谋略，借杠杆之力以搅动资本市场。

保险公司在资本市场的频频大动作使保险资本有过度产业化的倾向。保险行业的初衷是保障，追求安全、流动性，这些应该是第一位的，如

果过度介入产业，就像收购万科这样，可能就背离了保险公司的初衷。

没有真正经历过金融危机的保险公司及其背后控制的管理层被所谓“前所未有的暴利机遇”冲昏了头脑，步步偏离投资的本质。保险公司聚集大量资金，保险资金“被借道”“被创新”到理财型保险产品，让“避险资金”去配置股票这种“风险资产”的行为未免可笑。

我国保险业的专业经营水平还不高，保险产品单一，供给不足，服务方式和手段落后，缺乏专业人才。目前，各家保险公司已经开发和销售的产品结构雷同，保险责任不足，保险公司业务员销售的产品基本上只有几种。我国著名的保险公司在银保监会备案的产品屈指可数，并且保险从业人员中真正受过系统保险专业教育又有保险专业水平的保险专业人才不到30%，其中既了解国际保险市场又懂得精算和计算机技术的高级人才更是凤毛麟角。因此，普遍服务意识差，服务态度不好，服务技能不高。

此外，我国保险公司不太重视市场调查，把握不住消费者的切实需求，不能做到以消费者需求为中心，按需设计产品。

第二节　新时期保险行业存在的问题

我国保险市场不良发展，主要表现在二个方面。

1. 体系结构

保险市场从体系结构方面来看，就目前而言我国保险市场的体系结构现状还不够完善，和很多发展较快的多元化保险市场体系结构仍然存在较大差距。

2. 价格机制

保险商品的价格即费率在保险市场中起着十分重要的调节作用。由于国外保险技术相对先进，当国外保险公司设计出的寿险产品进入我国市场后，显示出较大的竞争优势。

3. 行业竞争

目前我国保险市场上的竞争还处在由“费率战”向“险种战”“服务战”转化的阶段，存在的主要问题包括市场垄断竞争发展不平衡、手续费标准执行混乱、专利及知识产权的保护不好解决、服务手段滞后等

（见图 2-10）。

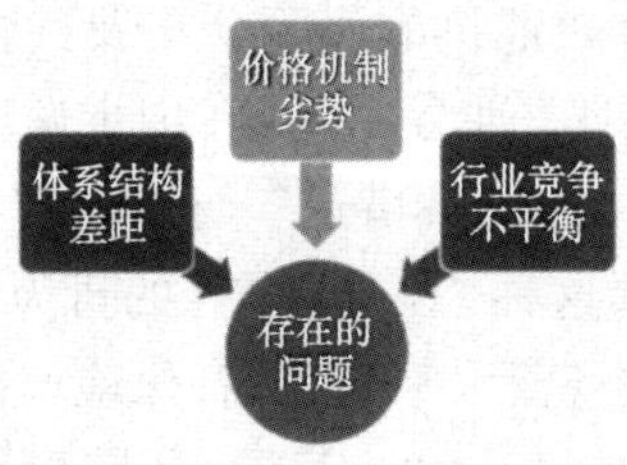

图 2-10　我国保险市场不良发展的三方面因素

一、产品创新匮乏

即便保险具有理财和保障的功能，但它的地位仍然无法与银行存款、居民理财产品相比较。保险业在我国市场是典型的新兴企业，它起步较晚，基础也相对薄弱，发展还处于雏形阶段。因此，保险也要在监管到位的同时，继续加大创新力度。近年来，我国保险产品数额迅速增长，这进一步促进了保险行业的发展，然而，这些保险产品在创新层面也一直存在问题，例如动力不足、抄袭雷同严重等。很多保险产品的创新只在于表面，如包装等，因此，只是单纯地将保险产品复杂化，几乎到了信息不对称的境地，这是达不到产品创新目的的。对于普通消费者而言，虽然理论上所有信息都在条款里，但面对动辄几十页的条款，理解起来，也是相当困难，面临着缺乏专业识别能力的现实。看似相同的两款分红类产品，条款中"隔年返还"和"逐年返还"的一字之差，计算出来的结果就相差一倍。此外，消费需求未能释放很大程度上是由于现在的保险产品并没有满足客户的理财需要和风险保障，并且产品的同质化较为严重。市场需求是产品的风向标，保险公司要在产品形式、费率等方面做出创新性改变，以满足不断变化的客户需求。

保险市场上的产品存在同质化现象，已经是一个老课题了。同样，各个保险的业务大同小异，一旦出现某家公司险种销售较好的情况，其他公司便争相模仿。有的公司为保险起见，稍微调整责任方面的部分内容便急于上架，抄袭痕迹明显。市场上存在众多产品雷同的情况，有很多新产品一经上架就惨遭同行复制，使其失去产品创新的动力和热情。市场上的保险商品在缺乏个性化的同时，由于多属综合型险种，所以也存在不能自由组合的弊端。另外，这些保险在定价上也面临问题，由于用户个体存在差异性，无法实现精准化的定价。

现阶段消费者对保险产品提出了更高的要求。调查显示，客户在选择保险公司时注重的因素主要有以下几个：保险公司信誉；偿付能力；代理人素养；理赔速度；服务态度；性价比。这6大因素在消费者心目中的地位也略有不同。消费者在做购买决策时各因素的比重如图2-11所示。

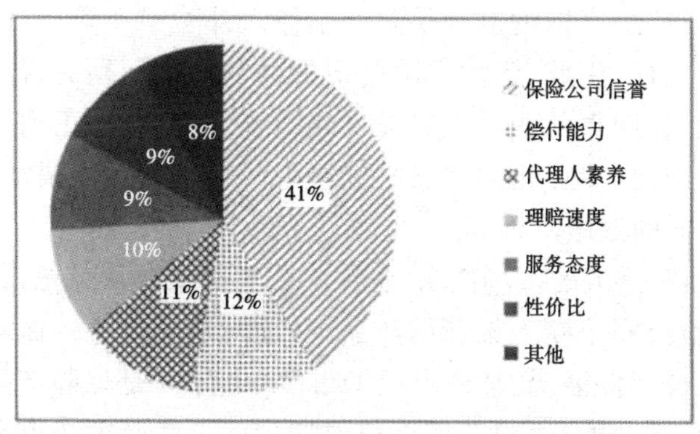

图2-11　客户选择保险公司时各因素占比

由图2-11可知，保险产品的消费者的关注点和需求已经趋于全方位化，这对保险企业在产品设计、定位、服务等多方面都提出了较高的期望，而这些也将在未来的互联网变革中成为重点突破口。

对保险产品客户而言，运用电子商务渠道为其短期出行购买一个短期的意外保险或旅游保险是非常便捷和省心的。从产品本身角度出发，这类线上保险是非常受欢迎的，能够保证快速在线上完成投保业务。另外，保险产品价格透明，为客户比价提供便捷。短期保险在很长一段时间都保持着销量优势，成为客户首选目标。但凡事都有两面性，高收益保险同样也存在着风险隐患。

作为“价格战”的另一种表现形式，各类理财产品网销也借助像“双11”这样的电商促销时机展开“拼收益”的攻势。健康险的关注度与日俱增，但其专业性服务有待提升。大众消费者近些年对自身健康的关注较高，人们的焦点也转移到了医疗保障方面。因此，人身保险中的健康险成为人们新的刚性需求领域。但由于健康险其特有的专业特质，使其与网络渠道的销售较好的意外险、理财型险种相比较，很难形成销售规模，也就是俗称的“走”量。健康险因其设计个人身体健康，具有较强的私密性、专业性，更需要保险从业人员提供个性化、高端化的专业服务。

很明显，互联网销售渠道还远远无法达到这方面的要求。

互联网时代需要用发展的眼光看待新生事物。与传统的代理人渠道相比，互联网目前销售的健康险种，可为消费者提供在线自测保费等便利。根据自身的年龄、职业状况和保障额度需求，消费者可以自行测算所需交纳的保费，同时可以选择月交、季度交、年交或一次性交费等方式，省去了以往电话联络业务员以及后续约见的面见环节。但是，包括重疾险、万能险在内的复杂保险并不像意外险或车险一样拥有简单、明确的保险责任，因此，各大保险公司的网销平台亟须完善其服务购买流程。比如，在网页的醒目位置提供热线咨询电话，便于消费者进一步的咨询等。同时，专业化的互联网健康险产品设计也需要加强，如推出针对专属人群的健康险种等。

目前，面对巨大的市场需求，各保险公司都想要快速抢占市场份额，基于此，保险公司不断上架新的产品。然而，层出不穷的保险产品在质量上并不能得到保证，甚至还出现了很多问题：一是保险产品以综合型结构为主，缺乏变通，客户若想获得附加险保障就必须花更高的费用购买主险，这直接影响到保险保障功能的发挥。二是保险产品千篇一律、缺乏个性，存在保险责任相似的问题。主要由于各保险公司发展水品参差不齐，创新动力不足以及复制成本过低，保险合同的各项条款是保险产品创新的集中体现，行业间相互抄袭也使保险产品日益同质化。为了更好地销售新的保险产品，保险公司会着重进行宣传，这就使保险产品的保单文字具有开放性的特点。目前，我国缺乏对保险新产品的保障制度，所以抄袭者无须为其行为买单。这就导致当某一保险公司在保单条款上做出任何创新性的变动，其竞争对手就会随即效仿，长此以往各保险公司将会失去创新热情和动力。另外，我国目前的风险补偿机制并不完善，无法很好地为企业创新提供强有力的后盾。保险产品创新本身需要花费大量的人力、物力资源，如果不能保证收益，很多保险公司宁愿放弃创新以规避风险和损失，这使保险行业的创新在很大程度上受到限制。三是保险产品并不能很好地满足市场需求，保险公司对商品的设计是从自身角度出发，并不能与消费需求相适应。

改革开放初期，我国市场经济欠发达，经济主体相对比较单一，保险产品单一。随着经济全球化、信息一体化趋势的不断加强，人们的消费方式和生活方式发展了翻天覆地的变化，原来的保险产品已很难适应与满足市场需要。

保险产品创新是保险业创新的重要组成部分，对保险业的发展具有举足轻重的作用。创新是保险公司寻求生存与创新之路的重要法宝。目前，我国的保险企业仍处在技术创新发展的初级阶段，大部分保险公司的产品都是从国外进口，只有极少部分公司致力于产品的自主研发。另外，从国外引进产品，再对其进行小范围的调整和改良的低水平创新是目前保险业普遍存在的现象。现在，随着消费水平和生活质量的提高，人们对保险产品的创新提出了更高层次的要求，这就迫使保险公司调整结构，不断创新，以适应不断发展变化的市场需求。

二、逆向选择与道德风险

（一）逆向选择

保险市场中的逆向选择是指由于保险公司与投保人之间的信息不对称而导致的次品驱逐良品的现象。通常保险公司会吸引高风险类型的投保人，因为愿意购买保险的人往往是最具有风险的人。比如，有一群人购买医疗保险产品或者人寿保险产品，其中一些人可能有与生俱来的高风险，比如，他们很容易得病，有家族病史，或天生喜欢比较危险的生活方式等，而另外一些人具有与生俱来的低风险。例如，家族寿命都比较长或者生活规律。这样的风险信息是个人的私有信息，保险公司无从获知，也无法观察到，因此，保险公司将对所有的人以同样的保险费率进行保险。

值得注意的是，由于很多投保人是高风险人士，所以极有可能导致采用这种运作方式的保险公司破产倒闭。试想一下，如果投健康险的只是疾病的易感人群，而不易得病的人都不参保的话，保险公司将面临巨大的损失。因为从生病的概率看，保险公司要赔付的钱要远高于各位投保人缴纳的保费。另外，极有可能出现投保人在自身身体状况和风险程度等问题上进行隐瞒，由于涉及个人隐私，保险公司难辨真假。如此看来，保险公司会收到很多“逆向选择”的投保人，这种选择风险过高，导致保险公司逐渐走上破产之路。值得注意的是，一般情况下的“选择”都是选择好的方面，而“逆向选择”是指上述市场活动带来的选择，是一种不良选择。

（二）道德风险

在保险市场中，道德风险其实可以分为两类，第一类：保险人的行为没有被被保险人察觉，从而产生一种道德风险；第二类：被保险人的行为没有被保险人察觉，从而产生一种道德风险。这类危险的产生是因为保险人一方和被保险人一方的实际行为与真实意图相互无法确认，在某个问题上不如对方了解得详细，这种双方信息量的不对称给一方有了可乘之机。

在现在的保险经营中，由于信息不匹配等问题的存在，使得我国商业医疗保险市场道德风险频发，过度消费、诱导消费、带病投保的现象层出不穷。但是，大部分商业保险公司都将医疗保险视为寿险的辅助工具，使其居于从属地位。这种忽视医疗保险本身的管理规律和风险程度的行为，会导致商业医疗保险逐渐脱离保险公司掌控，进而引起医疗保险赔付率稳居高位、保险公司经营效果不佳、公司面临破产等一系列问题。①

简单地说，逆向选择与道德风险产生的原因如下：

（1）保险活动中的利益主体是不一致的。在保险活动中，投保方、保险人和保险中介人的利益是不一致的，各方为了追逐自己的利益，常常引发道德风险。

（2）保险活动中的信息是不对称的。当事人在法律地位上的平等并不意味着对保险专业知识、保险标的信息等的占有平等。对信息的高度依赖决定了当事人之间必然存在信息博弈，并且由于第三利益个体中介人的存在，加大了信息博弈的程度。

（3）存在不确定性。不确定性无法彻底消除，它是风险存在的重要因素。站在投保方的角度，由于保险事故并不一定发生，所以导致一些人故意促使其发生。站在保险中介角度，也正是不确定性的存在，使其收取保费后不入账等违法行为层出不穷。

三、人力成本占比过大

行业人力成本在总保费收入中的占比逐年提升，产险公司的人力成

① 赵占波著．互联网保险［M］．北京：首都经济贸易大学出版社，2017.

本远高于寿险公司。随着我国劳动力价格持续走高,未来人力成本的总量还会进一步提高。

在房地产交易中(商用或居住)防止产权缺陷造成损失,保障房地产产权人或抵押贷款借款人的经济利益是产权保险的主要目的。产权保险是一个具有超大规模的利益市场,据统计,美国 2014 年的保费高达 110 亿美元。

产权缺陷包括但不限于未偿留置权、地役权和其他交易时未解决的负债。重要的是,产权保险费和其他保险产品相比,主要是由保险人的承保费用决定,而非由对预期损失的精算风险决定。这是因为产权保险人会在承保之前查询公共记录,造成大量资源需要预付,以增强损失预防,这样一来,保费就需要涵盖相关运营开支和利润率(2% ~ 5%)。这个商业模型可以限制索赔损失(保费的 5% ~ 7%),保险公司却必须承担相对高额的固定成本结构,进而导致保费价格居高不下。

产权的查询需耗费大量人力物力。美国产权转移的交易记录是人工填写而成,这本类似流水账的交易记录被保存在当地的司法管辖区。美国房地产登记体系构成了一个"产权链",但它目前存在三个问题,直接导致产权保险的成本和需求的增加。

(1)房地产记录去中心化。由于产权记录是在县一级储存,产权保险公司必须建立和维护一个产权书库,耗时费力来分地区记录,以期提高搜索效率,减少索赔。

(2)纸质记录不易保存。纸质、人工的记录流程中,记录是否完整很大程度上受到人为因素的影响,如抵押贷款、契约文书、租约、法庭判决、地役权等相关"产业链"的记录保存都受制于人为错误。据调查,美国房地产交易中大概 30% 的房产产权存在缺陷。

(3)过高的房地产交易成本。基于上述因素造成的大量产权检索成本,产权保险费用主要反映的是承保和承销费用而非精算风险。保费平均为 1000 至 1800 美元(假设房地产价值 275000 美元,这个费用代表其价值的 0.4% ~ 0.6%)。居住和商用房地产产权人无论是购买房产还是融资,都需要支付产权保费,其中,购买居住用房产的保费大约是融资用产权保费的两倍。结果就是,产权保险人会在承保之前雇用许多人力去检查和"纠正"产权问题。摘录人(abstractor)、监管人(curator)、检索和查验人员、律师、销售和营销人员——预计人力资源成本在本行业占保费的 75%。

四、急需拥抱用户思维——基因决定定理

公司的基因,有的可改,有的不可改。可改的公司往往是不断地把转基因作为一个强制性的任务。最典型的是3M,它有一个硬性的指标要求每年的营业额必须有很高的比例来自最近几年的技术——这样转型起来就比较容易。事实上,3M公司在最近的十几年中有35%的收入总是来源于5年之内开发的新品。但很多传统的大公司显然不是这样的,有收入的老部门习惯将没有收入的新部门卡死,如原来的微软公司。所以要想成功地转基因,首先,公司的文化本身就是以转基因为核心。GE就是这样,一百年来,GE经历了从做电灯泡到无线电,最后到电视机的蜕变。其次,转基因也存在很多偶然性,成功与否看你能否把握住。比如,美国的运通公司和美国第四大的富国银行(Wells Fargo,原意是威尔斯马车运输公司),很难想象,这一家信用卡公司和一家大银行,在历史上居然还是两家快递公司。

传统企业在进行互联网保险转型时,往往会遇到许多困难和阻碍。其中,最重要的原因是无法拥有正确的用户思维,而且企业往往遵循着"基因决定成败"的理论。

周鸿祎曾自述:"我的互联网方法论中说没有用户,就没有客户,用户少了,客户就没了。"所以他建议传统企业转型,不要一上来就想怎么去赚消费者的钱。但在大量传统企业的从业者看来,他们并不具备互联网公司所谈的用户和客户理念的基础。很简单,360和微信可以免费,然后再抽象出增值业务;但是米其林轮胎、强生婴儿油却不可以。此外,小米通过低价卖手机,成为后续增值业务的载体,在其他行业很难找到后续能如此紧密连接用户的方式和渠道。

2011年8月16日,小米科技董事长雷军正式揭开小米手机面纱。小米真正的王牌是互联网思维(见图2-12),采取了颠覆式的商业模式:用互联网销售,直接面对终端消费者。在雷军看来,互联网不是一种工具,而是一种观念,它包括四个重要因素:快、极致、专注和口碑。

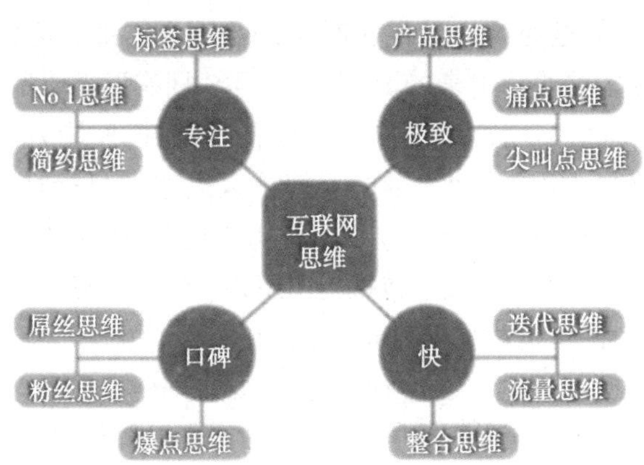

图 2-12　互联网思维关注点

规则一：互联网用户定义产品

小米手机的操作系统 MIUI 是首个实现每周升级的手机操作系统。MIUI 团队由 120 多名自愿申请的发烧友组成，他们的工作就是泡论坛，广泛收集论坛上粉丝的反馈，根据这些反馈来解决 bug，推动升级。同样，米聊团队也会充分收集来自微博、论坛等各个平台的用户反馈，快速迭代。未来，小米手机仍会是一个“活的系统”，并鼓励发烧友在使用过程中及时反馈问题，根据问题的重要程度给予奖励。

规则二：拥有粉丝而非用户

小米非常注重和用户之间的直接沟通和情感建立。MIUI 论坛粉丝的发展速度很快，靠的是好产品与粉丝的紧密沟通。据悉，在未来的营销中，小米会更注重和用户之间的沟通，进行口碑传播。

在互联网背景下，免费也是用户思维的一个维度。但是传统行业对这种盈利思维的转变存在一定的困难，因为在这个行业，主流的思维依然是把产品卖出去赚取利润，然而这并不代表传统企业无须改变，在这种模式的冲击下，免费一定会给互联网保险带来巨大的流量。克里斯·安德森的《免费：商业的未来》一书将互联时代的免费分成三种模式：直接交叉补贴、三方市场和“免费 + 收费”模式。无论是哪种免费的模式，一定会对未来互联网保险的发展提供借鉴意义。其实在我国已经存在免费领取保险的平台，充分证明这种模式存在的合理性。

除此之外，传统购物中心的“用户思维”是先圈定一个“用户特征谱”，然后努力服务好这部分用户，给他们制造更多惊喜，从而获得最后的转换。例如，很多线下购物中心举办的各类亲子活动等，通过线下活动为商场引流，但这还不算是互联网时代的用户思维。区别在于目前传统商家举办的这类活动引来的流，商家并不“拥有”调动和把控能力，而互联网企业却对他的用户有很强的连接、传播和把控能力。所以商家可以借鉴互联网的“用户思维”尽可能把社区周边的目标客户转换为“用户”，通过关注微信或者发卡等方式，使用户能感觉到和购物中心即时、便捷的连接。需要注意的是，转换为“用户”后要谨慎选择发广告的方式，应该学习互联网企业长期维护、运营和娱乐“用户”。

一个伟大的公司往往以这种姿态出现：刚进入市场时会被99%的主流成功者认为是“异类”不值得重视或者与其合作，因为这个新进入者常常不按规矩出牌，在某些方面甚至表现怪异。但随着时间的推移，量变最终会导致质变，进而获得伟大的成功。腾讯推出“微信”颠覆运营商的“短信”市场是这样，去哪儿网改变航空公司并促使其创新是这样，360杀毒服务终结我国杀毒软件市场也是这样，UBER等打车软件重击出租车行业仍然是这样。它们的共同特点是创业者都是狂野的理想主义者，关注并不断挑战潜在的市场。他们有想法，善于利用并优化他人的想法，直到这些想法成为令人难以抗拒的新产品，并最终改变各类商业模式和商业生态。

第三节　保险的国际经验借鉴

一、增强金融一体化趋势

在凯恩斯的政府干预主义失败后，保险全球化和金融一体化趋势日益明显。为了培养民族保险业的核心竞争力，尽快地在全球竞争中对外扩张，欧盟首先打破了分业经营的界限，接着美国也已于1999年末通过了《金融服务现代法》，允许混业经营，日本新的《保险法》也实施了“金融大爆炸”构想，这些都使得保险业内部、保险业与金融业之间的并购加剧，并购不仅突破了国界的限制，而且朝着巨型化方向发展。[①]

① 叶成徽，韩樾著．保险理论创新研究[M]．海口：海南出版社，2009.

二、重视保险业的风险管理和资产管理

风险管理和资产管理已经成为保险业最大的利润增长点，全球多层次社会保障模式的确立和社会私有化的改革路径，均在深度和广度上拉动了企业补充保险和商业人寿保险对保险业的强烈内在需求，保险业将发挥重要的社会保障功能。

另外，保险业面临的风险也与日俱增：第一，生态环境恶化、自然灾害频发深深困扰保险业发展；第二，受到 20 世纪 90 年代以来并购浪潮的影响，超巨额的保险资产被极少数跨国保险巨头控制，世界的可保风险也逐渐集中在极少数的保险和再保险集团。所以，保险传统业务和一众新业务的重点工作就是进行强有力的风险管理。由此可知，未来经济增长少不了风险管理创新的推波助澜。ART 包括限额保险、自保、巨灾保险、应急保险、财务再保险、期货保险等，其实质是利用金融市场来吸收、消化、拆分风险，也就是传统风险转移方式的变化。因此，ART 的广泛传播和寿险投资连接产品的成功推广恰恰证明了风险管理的有力影响。

与传统的保险业相区别，现代保险业在资产管理上扮演着十分重要的角色，资产管理业务已成为保险业最大的利润增长点，即使以世界保险业最发达的美国为例，尽管其寿险业务本身的资产也十分庞大，但仍不及它管理的非寿险资产。目前，美国寿险业在资本市场的机构投资者中占第二位，保险业的利润基本来源于自身资产的投资收益和非自身资产的管理收入。

三、保险业组织结构面临变革

随着高科技的广泛应用、保险环境激烈竞争和风险管控的不断加强，保险结构也经历了制度性变革：第一，组织结构动荡，加剧了收购和兼并的风险；第二，专业自保公司不断涌现；第三，保险集团追求股份化，使保险公司的上市成为当今保险组织结构的亮点。

四、重视高质高效的保险监管

随着世界金融一体化以及国际竞争的不断加剧，为了本国保险业核

心竞争力的提高,保护本国保险消费者和维护国际金融安全,各国保险监管的侧重点发生了一致性变化:一是注重对保险公司的偿付能力及信息披露的监管;二是在逐步放松混业经营限制的同时,注重对金融集团的监管;三是尽管混业经营及并购战的不断加剧培育了金融寡头,但保险监管机构仍致力于培育保险市场的可竞争性。

保险监管发生的三个变化让人们产生了世界保险监管逐渐放松的错觉,然而,保险监管并未松懈,不管是在发达国家还是新兴的保险市场都始终保持着警觉的状态。由于现行的监管政策更加注重高质量、高效率,所以在保险监管形式放松的背后,依然隐藏着对保险业更加严格的监管实质。这样既能保证对保险公司偿付能力的监管,又可以提高保险的核心竞争力和市场主体的创新能力。即便出现了各国保险公司不同程度倒闭的现象,也没有对保险市场产生大的威胁。相反,保险市场在很多方面的表现超过了其他时期,例如产品种类、再保险供给能力、交易费用的节省等。

第三章　新时期保险基本内容解析

很多人问买了保险后，不是什么都保障吗？例如你生病住院，或发生意外，只要有任何头晕、发热，保险都会赔偿。但是这种想法是错误的，保险的种类有很多，不同类型的保险对应不同的需要。因此我们需要根据自己的需要下单，以获得合理的保险保障，成功地抵御风险。

第一节　财产保险

一、财产保险的含义

财产是指金钱、财物以及民事权利与义务的总和。财产就其形式可以划分为有形财产和无形财产，前者如金钱、房屋、土地、机器设备等；后者如收益权、著作权、发明权、商标权、专题权等。

财产保险是对于可以用货币衡量价值的物质财产或利益或损害赔偿责任提供保险保障的商业经济活动。

主要可分为有形财产保险和无形财产保险。

（1）有形财产保险包括：企业财产保险；家庭财产保险；运输工具保险；货物运输保险；工程保险；农业保险；利益（利润）损失保险；海上保险等等。

（2）无形财产保险包括：责任保险；信用保险；保证保险。

狭义财产保险主要指有形财产保险。

二、企业财产保险

（一）企业财产基本险（火灾险）

1. 保险责任：火灾、爆炸、雷击、空中运行物体坠落；发生保险事故时必要的施救费用；发生保险事故后为减少损失所支付的必要的合理费用（属于列明责任保险）。

2. 除外责任：其他自然灾害或意外事故；政治责任，政策因素，被保险人故意；任何间接损失，标的物本身缺陷；其他不属于保险责任的损失和费用等。

（二）企业财产综合险

1. 保险责任：财产基本险的责任；其他自然灾害：包括暴雨、洪水、台风、暴风、龙卷风、雪灾、雹灾、泥石流、地面下陷下沉等。

2. 除外责任：地震；政治责任、政策因素、被保险人故意；任何间接损失、标的物本身缺陷；露天堆放的财产遭受暴风、暴雨造成的损失；其他不属于保险责任的损失。

（三）企业财产一切险

1. 保险责任：自然灾害（人力不可抗拒的破坏力强大的自然现象）或意外事故（指不可预料的以及被保险人无法控制并造成的突发性事件）引起的损失由保险公司承担。

2. 除外责任：政治因素、政策原因；污染引起的损失；其他列明的除外责任。只要不在除外责任中列明，都属于保险责任。

（四）财产范围

企业自有财产、代保管财产、其他法律上承认有经济利害关系的财产均可以参加企业财产保险。

1. 特殊财产：经特别约定可保险（金银、珠宝、玉器、首饰、古玩、书、画、邮票、艺术品等珍贵财物），道路、桥梁、坑道及坑道内财产等，这些财产比较特殊，前面属于价值确认难度大，而后面这些本身就是用于抵御灾害的。所以一般保险产品不承担责任，但经投、保双方协商一致后可以保险。

2. 不保财产：货币、票证、文件、资料、账册等无法鉴定价值的财产无论何种原因都不可以作为财产保险承担责任。

（五）保险价值和保险金额

保险价值是保险标的实际市场价值；保险金额是保险公司承担责任的最高限额，是计算保险费的重要依据。

财产保险金额的确定方法：

1. 固定资产

原值法；原值加成法；重置价格法；投保双方约定的金额。

2. 流动资产

一般情况下根据企业的会计账面余额，或资产评估、清单列明约定以及其他可以确定保险金额的方式。

（六）保险事故赔偿处理

保险事故处理参照保险理赔内容。除此之外保险事故导致企业财产全部损失，当保额大于保险价值时，损失赔偿以不超过保险价值为标准；保额低于保险价值时，按保额赔付。

保险事故导致财产部分损失，当保额等于或高于保险价值时，其赔偿金额按实际损失计算；保险金额低于保险价值时，赔偿金额按保险金额与保险价值比例计算。

三、家庭财产保险

家庭财产保险分为普通家庭财产保险和特殊家庭财产保险。

1. 家庭财产保险：面向城乡居民家庭并以其住宅以及存放在固定场所的物资财产为保险对象的一种保险业务，属火灾保险范畴。

2. 开办意义：维护城乡居民生活安定，是国民保险意识的标志。

3. 可保险的家庭财产：房屋及其附属设备；生活资料；农民的农具、工具和已经收获的农产品；与他人共有的前述财产；代保管财产；

租用财产。

4. 不保财产：个体工商户用于经营资产（经特约可保）；生长期的农作物；交通工具；运输中的货物；其他不适合在家财险保险的财产。

5. 保险责任：自然灾害风险（包括地震）；部分意外事故（如水管爆裂等）；盗窃风险等。

6. 家财险的种类：普通家财；定期还本（传统产品）“金牛”“金锁”“家安、家顺、家康、家泰”（人寿）；“居综合险”（太平洋）；“新世纪系列家庭保险”（平安）；“居安理财型家庭综合保险”（华泰）；“幸福家庭家主责任综合保险”（天安）；等等。

7. 家产保险赔偿方式的特殊性：第一危险赔偿方式。

四、工程保险

（一）工程保险的风险与损失

工程保险是对建筑、安装工程及各种机器设备因灾害和意外事故造成物质财产损失和第三者责任的保险。工程保险的风险范围较广，既包括一般保险的风险，又包括责任保险的风险。

工程风险具有下述特征。

（1）工程保险具有综合性。表现在风险的承担者、保险项目及风险的范围均具有综合性。无论是建筑工程还是安装工程，风险的承担者一般不是单一的，对工程具有利益的各方共同对该工程承担一定的风险，如工程所有人、担任施工任务的承包人、各种技术顾问及其他有关利益方。同时，现代工程常是综合性工程，工程风险对工程造成的损失可以是多方面的，即不但可以对工程本身造成损失，也可以对与工程有关的机器设备、工具及其他财产造成损失。[①]

（2）工程风险中集中性的巨额风险较多。现代工程规模日益浩大，先进的工艺、精密的设计和科学的施工方法，再加上价格昂贵的现代户外建筑材料、施工设备，使工程造价猛增，风险越来越集中，工程风险大多为巨额风险。

（3）工程风险技术性强。现代工程的专业性强，涉及许多尖端科学技术，对专业技术要求很高。如兴建核电站、大规模的水利工程和现代

① 张彪编著．保险理论与实务[M]．合肥：安徽人民出版社，2009.

化工厂，从技术方面看，工程风险要大大高于财产保险中的风险。

(二)机器损坏险

机器损坏险主要承保工厂机器本身的损失。对已安装完毕并已转入运行的机器设备因人为、意外的或物理性原因造成的物质损失负责。其保险期限、损失赔偿方式等与一般工程保险相同，这里只讨论其与一般工程保险不完全相同的条款。

机器损坏险的保险责任与财产险的保险责任基本上相反，其主要承保财产保险中不保的人为的、意外的或物理性原因造成的机器设备的损失。因此，将一台机器同时投保财产险和机器损坏险，就能获得完全的保障。机器损坏险既可单独投保，也可作为财产一切险的附加投保。

其主要保险责任包括以下几个方面。

(1)设计、制造或安装错误，铸造或原料缺陷造成的损失。这种损失多属制造商或供货商的产品责任，在使用阶段发生损失时往往过了保修期，或在供货合同中对追偿无明确规定，被保险人向制造商或供货商追偿已不可能。

(2)离心力引起的断裂。机器由于离心力引起断裂，造成机器本身及其他财产的损失。

(3)电气短路和其他电气原因。包括电气本身的损失及其他保险财产的损失。

(4)锅炉缺水。即错误操作、锅炉加水系统失灵、断水、水质不适用等而使锅炉缺水引起损失。

(5)物理性爆裂。因容器受到超过其外壳强度的压力而产生的爆裂。对化学性爆炸引起的损失不予负责。

(6)露置机器遭受暴风雨而引起的锈蚀或严寒造成机器设备冻裂损失。

第二节　人身保险

一、人身保险

（一）人身保险的定义

人身保险的标的是人的生命或身体。人的生命是一个抽象的概念，有生存和死亡两种状态；而人的身体表现为人的健康和生理机能以及劳动能力。人身保险的保险责任涉及人的生、老、病、死、残各个方面。

（二）人身保险的特点

由于保险标的不同，人身保险与财产保险具有完全不同的特点。

1. 保险标的的不可估价性

人身保险的保险标的是人的生命和身体，而人的生命和身体是很难用货币衡量其价值的。因此，人身保险的保险金额只能由投保人在投保时约定，约定的保险金额在充分考虑被保险人的健康状况的前提下，应考虑两个因素：首先是投保人对人身保险的需要程度；其次是投保人的经济承受能力，即缴纳保险费的经济能力。由于人身保险标的的不可估价性，所以不存在重复投保、超额投保和不足额投保的情况。

2. 保险金额的定额给付性

人身保险金额在确定与给付方面具有的特殊性是由人身保险标的的不可估价性所决定的。除健康保险中的医疗费用保险外，人身保险都是定额给付保险。人身保险标的的特殊性使得当被保险人发生保险责任范围内的保险损失时不能像财产保险那样根据实际损失程度支付保险赔款，并以保险金额为最高赔偿限额。人身保险只能按照保险合同约定的保险金额支付保险金。因此，人身保险不适用补偿性原则，也不存在比例分摊和代位求偿的问题。正是由于人身保险采用定额给付方式，所以其允许存在重复保险。

定额给付和损失补偿是人身保险中医疗费用保险的两种赔偿方式。

另外，当补偿方式采用损失补偿时，那它将适用补偿性原则，对于医疗保险金额不超过被保险人实际支出的医疗费用的情况，保险人对被保险人的给付金额可以按比例进行分摊和代位问责。

3. 保险合同的储蓄性

人们购买保险的目的主要是获得风险保障。人寿保险作为人身保险的重要组成部分，在提供一般保险保障的基础上，还具有储蓄的功能。其储蓄性可以从人寿保险保费的构成以及人寿保险保费的转换两方面加以分析。

（1）从人寿保险保费的构成角度看

纯保费和附加保费是人寿保险营业保费的两个构成要素，用于未来保险金赔付的是纯保费，用于保险公司费用支出的是附加保费。另外，纯保费是由危险保费和储蓄保费构成的，用于之前保险金支付的是危险保费（或自然保费），用于未来保险金给付的是储蓄保费。这笔储蓄保费就相当于投保人存放在保险公司的储蓄存款，保险公司必须将它进行投资运用，使它不断增值，以保证将来保险金的给付。如果投保人中途退保，保险公司必须将累积的储蓄保费以退保金的方式返还保单持有人。如果被保险人临时经济上有困难，也可以将保单质押向保险公司贷款。

（2）从人寿保险保费的转换看

死亡率是人寿保险费率厘定的基本要素之一。随着年龄增加，死亡率会逐年增加。自然保费是按照各年龄的死亡率计算的保费，正好用于当年的保险金给付，没有积累。由于死亡率逐年增加，自然保费也逐年递增，而且增加速度越来越快，给寿险公司的业务经营带来了很大的困难。为了避免保险费率的频繁变动，保证保险人的正常经营，人寿保险采用均衡保费代替每年更新的自然保费。投保人早期缴纳的保费高于其当年的死亡成本，相当于投保人将年纪轻时多缴的保费储存在寿险公司，由寿险公司进行投资运用使它不断增值用于弥补年纪大时均衡保费远远低于自然保费的部分。自然保费向均衡保费的转换，既可以使投保人经济上能够负担均衡，使被保险人晚年也有能力享受保险的保障，还可以保证保险人正常的业务运营。从自然保费和均衡保费的转换中，也显示了人寿保险的储蓄性。①

① 王明梅主编．保险理论与实务［M］．厦门：厦门大学出版社，2008．

（三）人身保险的作用

人身保险的作用是指人身保险的职能在社会经济生活中所产生的社会效应。

1. 对个人和家庭的作用

人们在日常经济生活中都有生活安定、家庭幸福的普遍愿望，但客观风险的存在会影响个人和家庭生活的安康。在人的一生中，年老、患病和死亡是自然规律，无法避免。各种意外事故也是客观存在的。这些都会使个人和家庭产生后顾之忧。对此，每个人、每个家庭都应有相应的经济安排，才能有备无患。传统的做法是采用个人积蓄、邻里亲朋之间的互济，但是采用买保险的方式是一种最理想的财务风险安排，因为费用少、保障程度高。人身保险对个人和家庭的作用表现为：

（1）解除劳动者的后顾之忧，使其能安心工作。

（2）有助于家庭经济的计划安排。平日每个人或每个家庭只要支出定量的、少数的保险费，就能将风险转嫁给保险公司，从而获得老有所养、病有所医、子女教育抚养费用亦有安排的效果，安居乐业，家庭幸福。

2. 对社会生活的作用

（1）为改革开放提供配套保险保障

人身保险为各种经济形式中的劳动者提供老有所养、病有所医、死有抚恤的保障，从而有利于社会的稳定，可以为改革开放和经济建设创造良好的社会环境。

（2）为我国的计划生育政策服务

计划生育是我国的基本国策。独生子女的父母更需要养老金保险服务，以消除他们老有所养的后顾之忧。

（3）有助于企业生产经营的稳定

企业为职工投保人身保险，有利于企业成本核算，减少企业财务支出，提高职工的生活保障能力，有利于稳定职工队伍。另外，一般国家规定，企业为其职工投保人身保险所支付的保险费可以在税前列支，记入成本，使企业享受优惠的税收政策。

3. 对社会经济的作用

（1）有助于消费基金的宏观管理。长期性人寿保险，一方面为投保人提供生活保障，另一方面通过人寿保险基金的运用，变消费基金为投资基金，进入生产领域，有利于国家经济建设。

（2）发挥金融调节作用。人身保险的金融调节作用，是通过长期寿险基金进入金融市场，影响资本市场的资金供应量来实现的。人寿保险基金是经济发展的重要资金来源，是金融市场中的长期资本。

二、人寿保险

（一）人寿保险的种类

1. 限期缴费终身寿险

限期缴费终身寿险是指保险费在规定期限内分期交付，期满后不再交付保险费，但仍享有保险保障的终身寿险。缴费期的限制一般规定一定年数或达到被保险人某一年龄，如果缴费期规定为 20 年，则称这种保单为 20 年缴费终身寿险。如果规定被保险人达 65 岁之前为缴费期，则称这种保单为缴费至 65 岁的终身寿险。缴费期越长，这种保单的年缴费就越近于普通终身寿险。

2. 两全保险

两全保险具有如卜特征。

（1）两全保险是人身保险中承保责任较大、适应性较广的一个险种。两全保险既可以保障被保险人在保单期满后生活的需要，又可以解决由于本人死亡而给家庭经济生活带来困难的后顾之忧。它是生存保险和死亡保险结合的产物，从而使被保险人获得更充分的保障。

（2）两全保险费率较高。由于保险责任大，而且每份保单必然发生给付，所以两全保险的费率较高。

（3）两全保险还可以在商业往来中作为财产保证，在个人借贷中作为债务的抵押品，其最重要的用途是作为一种投资工具。此外，如果被保险人存活至保单期满，他还可以领到一笔相当于储蓄存款的保险金。被保险人可以用这笔保险金来投保养老年金保险，以保障其晚年生活，或派作其他用场。这一优越性是终身寿险所不具有的，因为在一般情况下，终身寿险的被保险人本人是见不到保险金的。

3. 简易人寿保险

简易人寿保险是一种低保险费，低保险金额，免体检的人寿保险。因其承保手续简单，称之为简易人寿保险。

简易人寿保险的保险金额比较低，按份计算，投保人至少投保 1 份，也可投保多份。每一份的保险金额依被保险人的性别、年龄而有所不同。如女性的死亡率低于男性，故同龄女性每份的保险金额高于男性。由于保险金额低，所以在承保时不要求被保险人体检，只要被保险人自我感觉良好，能正常工作、正常劳动的，就视为健康，从而简化了投保手续。简易人寿保险的保险费低且缴费次数频繁，一般每月缴费一次。合同中对保险期限有明确的规定，如我国的简易人身保险的保险期限有 5 年、10 年、15 年、20 年、30 年五种，投保人根据被保险人的年龄，在不超过合同期限届满最高年龄（70 岁）的前提下，进行选择。50 岁的被保险人只能选择5年、10年、15年、20年期，不能投保30年期的简易人身保险。

4. 团体人寿保险

团体人寿保险是以团体为对象，以团体的所有成员或大部分成员为被保险人的一种人寿保险。

5. 投资型人寿保险

分红保险保单的红利来源于利差益（实际利率与预定利率差异所产生的盈余），死差益（实际死亡率低于预定死亡率所带来的盈余），费差益（预定附加费率高于实际附加费率所产生的盈余）等。所以分红保险的保险费率高于单一以转移人身风险为目的的人身险费率。分红保险是一种既有保险保障，又有投资收益功能的保险。

（二）人寿保险合同的常用条款

1. 不可争条款（又称不可抗辩条款）

如果保险人发现投保人投保时违反如实告知义务，误告、漏告、隐瞒某些重大事实，足以影响其决定是否承保或以什么费率条件承保，主张保险合同自始无效的，必须在合同生效 2 年内提出。保险合同生效 2 年后，成为不可争议的文件，即使保险人发现投保人有违反最大诚信原则也不能主张合同自始无效。

我国保险法第 54 条将不可争条款限定在年龄方面，即保险人在投保人不履行如实告知义务（误告被保险人的年龄）时有解除保险合同的权利，但这一权利的行使要受到抗辩时间（2 年）的制约，超过 2 年，保险人失去这一权利。健康方面则在保险合同中要有特别的约定。不过，不可争条款却同样适用于保单效力中止后的复效。复效后的保单自复效之日起在 2 年后也是不可抗辩的。

2. 不丧失现金价值条款

投保人可以任选一种形式取得保单的现金价值。

（1）现金返还。

（2）将原保单改为缴清保单。缴清保单是原保单的保险责任、保险期限不变，只依据保单的现金价值数额相应降低保险金额，投保人不必再缴纳保险费的保单。

（3）将原保单改为展期保单，展期保单是将保单改为与原保单的保险金额相同的死亡保险，保险期限相应缩短，投保人不必再缴纳保险费的保单。即以保单的现金价值作为趸缴保险费，投保死亡保险，保险金额与原保单相同，保险期限依据保险费数额而定，但不能超过原保单的保险期限。

以上后两种获取保单现金价值的办法尤其适合于收入突然锐减，失去按原保险合同规定，继续缴纳较高数额保费但又不愿意中断保险保障的客户所采用。

三、人身意外伤害保险

（一）人身意外伤害保险的定义

人身意外伤害保险是指以被保险人因遭受意外伤害造成死亡、残废为给付保险金条件的人身保险业务。它包括三层意思：

（1）必须有客观的意外事故发生，并且事故原因是意外的、偶然的、不可预见的。

（2）被保险人必须有因客观事故造成死亡或残疾的结果。

（3）意外事故的发生和被保险人遭受人身伤亡的结果之间存在着

内在的必然联系,即意外事故的发生是被保险人遭受伤害的原因,而被保险人遭受伤害是意外事故的后果。

所谓意外,是就被保险人的主观状态而言的,指伤害的发生是被保险人事先没有预见到的,或伤害的发生违背了被保险人的主观意愿。

伤害指人的身体受到侵害的客观事实。伤害由以下要素构成:

(1)致害物是直接造成伤害的物体或物质。没有致害物,就不可能构成意外伤害保险赔付,只有致害物是外来时,才被认为是伤害。

(2)侵害对象:是致害物侵害的客体。在意外伤害保险中,只有致害物侵害的对象是被保险人身体时,才能构成伤害。

(3)侵害事实:是致害物以一定的方式破坏性地接触、作用于被保险人身体的客观事实。如果致害物没有接触或作用于被保险人身体,就不能构成伤害。

(二)人身意外伤害保险的特点

1. 保险标的是人的身体

由于人的身体无法用货币来衡量价值,所以,投保人应该根据保障的需要和保费的支付能力来确定保险金额。

2. 保险金的给付属于定额给付

人身意外伤害保险在保险事故发生时,死亡保险金按约定的保险金额给付。残疾保险金按保险金额的一定百分比给付。

3. 保险期限短

人身意外伤害保险的保险期限较短,一般不超过一年,有的甚至几天或几个小时。航空人身意外伤害保险的承保期限仅为一个航程。

4. 责任准备金的性质具有财产保险的特点

人身意外伤害保险的责任准备金主要是未到期责任准备金,没有任何储金性质。其核算和提存是按当年保险费收入的一定百分比计算的,与财产保险相同。

5. 人身意外伤害保险的承保条件较宽

相对于其他人身保险业务,人身意外伤害保险的承保条件一般较宽,高龄者也可以投保,对被保险人不必进行体格检查。

6. 保费计算基础以保额损失率为基础

人身意外伤害保险的纯保险费是根据保险金额损失率计算的，这种方法认为被保险人遭受意外伤害的概率取决于其职业、工种或从事的活动，在其他条件都相同时，被保险人的职业、工种、所从事活动的危险程度越高，应交的保险费就越多。

（三）人身意外伤害保险的分类

1. 按实施方式分类

（1）自愿意外伤害保险。该保险是投保人和保险人在自愿基础上通过平等协商订立保险合同的人身意外伤害保险。

（2）强制意外伤害保险。该保险是政府通过颁布法律、行政法规、地方性法规强制施行的人身意外伤害保险。

2. 按保险风险分类

（1）普通意外伤害保险。该保险所承保的范围是一般风险所造成的意外伤害保险。如学生团体平安保险、团体人身意外伤害保险。

（2）特定意外伤害保险。该保险所承保范围仅限于特种原因和特定地点所造成的伤害。如旅游意外伤害保险、航空意外伤害保险。

3. 按保险期限分类

（1）1 年期意外伤害保险。该保险是指保险期限为 1 年的人身意外伤害保险业务。保险公司目前开办的个人人身意外伤害保险、附加意外伤害保险等均属 1 年期意外伤害保险。

（2）极短期意外伤害保险。该保险是指保险期限不足 1 年，只有几天、几小时甚至更短时间的意外伤害保险。如公路意外伤害保险、索道旅客意外伤害保险等。

（3）多年期意外伤害保险。该保险是指保险期限超过 1 年的意外伤害保险。

4. 按险种结构分类

（1）单纯意外伤害保险。该保险是指一张保险单所承保的保险责任仅限于意外伤害的人身意外伤害保险。保险公司目前开办的个人人身意外伤害保险、驾驶员意外伤害保险等均属单纯意外伤害保险。

（2）附加意外伤害保险。该保险包括两种情况：一种是其他保险附加意外伤害保险；另一种是意外伤害保险附加其他保险责任。

（四）人身意外伤害保险的可保风险

意外伤害保险承保的风险是意外伤害，但是并非一切意外伤害都是意外伤害保险所能承保的。按照是否可保划分，意外伤害可以分为不可保意外伤害、特约保意外伤害、一般可保意外伤害。

1. 不可保意外伤害

不可保意外伤害一般包括如下几个方面。

（1）被保险人在犯罪活动中所受的意外伤害。意外伤害保险不承保被保险人在犯罪活动中受到的意外伤害，是由于两个原因：第一，保险只能为合法的行为提供经济保障，只有这样，保险合同才是合法的，才具有法律效力。一切犯罪行为都是违法的行为，所以，被保险人在犯罪活动中所受的意外伤害不予承保。第二，犯罪活动具有社会危害性，如果承保被保险人在犯罪活动中所受意外伤害，即使该意外伤害不是由犯罪行为直接造成的，也违反社会公共利益。

（2）被保险人在寻衅斗殴中所受的意外伤害。寻衅斗殴指被保险人故意制造事端挑起的斗殴。寻衅斗殴不一定构成犯罪，但具有社会危害性，属于违法行为，因而不能承保，其道理与不承保被保险人在犯罪活动中所受意外伤害相同。

（3）被保险人在酒醉、吸食毒品后发生的意外伤害。酒醉或吸食（或注射）毒品（如海洛因、鸦片、兴奋剂）对被保险人身体的损害，是被保险人的故意行为所致，当然不属意外伤害。

（4）被保险人的自杀行为造成的伤害属于不可保风险。

对于不可保意外伤害，在意外伤害保险条款中应明确列为除外责任。

2. 特约保意外伤害

特约保意外伤害包括如下几个方面。

（1）战争使被保险人遭受的意外伤害。由于战争使被保险人遭受意外伤害的风险过大，保险公司一般没有能力承保。战争是否爆发、何时爆发、会造成多大范围的人身伤害，往往难以预计，保险公司一般难以拟定保险费率。所以，对于战争使被保险人遭受的意外伤害，保险公司一般不予承保,只有经过特别约定并另外加收保险费以后才能承保。

(2)被保险人在从事剧烈的体育活动或比赛中遭受意外伤害。被保险人从事登山、跳伞、滑雪、江河漂流、赛车、拳击、摔跤等活动或比赛时,会使其遭受意外伤害的概率大大增加。因而保险公司一般不予承保,只有经过特别约定并另外加收保险费以后才能承保。

(3)核辐射造成的意外伤害。核辐射造成人身意外伤害的后果,往往在短期内不能确定,而且如果发生大的核爆炸时,往往造成较大范围内的人身伤害。从技术上考虑和从承保能力上考虑,保险公司一般不承保核辐射造成的意外伤害。

(4)医疗事故造成的意外伤害。意外伤害保险的保险费率是根据大多数被保险人的情况制定的。而大多数被保险人身体是健康的,只有少数患有疾病的被保险人才存在医疗事故(如医生误诊、药剂师发错药品等)遭受意外伤害的危险。为了使保险费的负担公平合理,所以保险公司一般不承保医疗事故造成的意外伤害。

对于上述特约保意外伤害,在保险条款中一般列为除外责任,经投保人与保险人特别的约定承保后,由保险人在保险单上签注特别约定或出具批单,对该项除外责任予以剔除。

3. 一般可保意外伤害

除不可保意外伤害和特约保意外伤害以外,均属可保意外伤害。

(五)人身意外伤害保险的内容

1. 人身意外伤害保险的保险责任

人身意外伤害保险的保险责任是被保险人因意外伤害所致的死亡和残疾,不负责疾病所致的死亡。意外伤害保险的保险责任由三个必要条件构成。

(1)被保险人遭受了意外伤害。被保险人在保险期限内遭受意外伤害是构成意外伤害保险的保险责任的首要条件,这一首要条件包括两方面的要求。

①被保险人遭受意外伤害必须是客观发生的事实,而不是臆想的或推测的。

②被保险人遭受意外伤害的客观事实必须发生在保险期限之内。

如果被保险人在保险期限开始以前曾遭受意外伤害，而在保险期限内死亡或残疾，不构成保险责任。

（2）被保险人死亡或残疾。被保险人在责任期限内死亡或残疾，是构成意外伤害保险的保险责任的必要条件之一。包括两个方面的要求：

①被保险人死亡或残疾。死亡即机体生命活动和新陈代谢的终止。在法律上发生效力的死亡包括两种情况：一是生理死亡，即已被证实的死亡；二是宣告死亡，即按照法律程序推定的死亡。《中华人民共和国民法通则》第 23 条规定："公民有下列情形之一的，利害关系人可以向人民法院申请宣告他死亡：第一，下落不明满四年的；第二，因意外事故下落不明，从事故发生之日起满两年的。"残疾包括两种情况：一是人体组织的永久性残缺（或缺损），如肢体断离等；二是人体器官正常机能的永久失去，如丧失视觉、听觉、嗅觉、语言机能、运动障碍等。

②被保险人的死亡或残疾发生在责任期限之内。责任期限是人身意外伤害保险和健康保险特有的概念，是指被保险人遭受意外伤害之日起的一定期限（如 90 天、180 天、1 年等）。如果被保险人在保险期限内遭受意外伤害，在责任期限内生理死亡，则显然已构成保险责任，但是，如果被保险人在保险期限内因意外事故下落不明，自事故发生之日起满 2 年、法院宣告被保险人死亡后，责任期限已经超过。为了解决这一问题，可以在意外伤害保险条款中制定有失踪条款或在保险单上签注关于失踪的特别约定，规定被保险人确因意外伤害事故下落不明超过一定期限（如 3 个月、6 个月）时，视同被保险人死亡，保险人给付死亡保险金，但如果被保险人以后生还，受领保险金的人应把保险金返还给保险人。

责任期限对于意外伤害造成的残疾实际上是确定残疾程度的期限。如果被保险人在保险期限内遭受意外伤害，治疗结束后被确定为残疾时，责任期限尚未结束，当然可以根据确定的残疾程度给付残疾保险金。但是，如果被保险人在保险期限内遭受意外伤害，责任期限结束时治疗仍未结束，尚不能确定最终是否造成残疾以及造成何种程度的残疾，那么，就应该推定责任期限结束时这一时点的情况确定残疾程度，并按照这一残疾程度给付残疾保险金。以后，即使被保险人残疾治疗痊愈或残疾程度减轻，保险人也不追回全部或部分残疾保险金。反之，即使保险人加重了残疾程度或死亡，保险人也不追加给付保险金。

（3）意外伤害是死亡或残疾的直接原因或近因。在意外伤害保险中，被保险人在保险期限内遭受了意外伤害，并且在责任期限内死亡或残疾,并不意味着必然构成保险责任,只有当意外伤害与死亡、残疾之间存在因果关系,即意外伤害是死亡或残疾的直接原因或近因时,才构成保险责任。意外伤害与死亡、残疾之间的因果关系包括以下三种情况。

①意外伤害是死亡、残疾的直接原因。即意外伤害事故直接造成保险人死亡或残疾。当意外伤害是被保险人死亡、残疾的直接原因时,构成保险责任,保险人应该按照保险金额给付死亡保险金或按照被保险人的残疾程度给付残疾保险金。

②意外伤害是死亡或残疾的近因。即意外伤害是直接造成被保险人死亡、残疾的事件或一连串事件的最初原因。

③意外伤害是死亡或残疾的诱因。即意外伤害使被保险人原有的疾病发作,从而加重后果,造成被保险人死亡或残疾。当意外伤害是被保险人死亡、残疾的诱因时,保险人不是按照保险金额和被保险人的最终后果给付保险金,而是比照身体健康遭受这种意外伤害会造成何种后果给付保险金。

2. 意外伤害保险的给付方式

意外伤害保险属于定额给付性保险,当保险责任成立时,保险人按保险合同中约定的保险金额给付死亡保险金或残疾保险金。在意外伤害保险合同中,死亡保险金的数额是保险合同中规定的,当被保险人死亡时如数支付。残疾保险金的数额由保险金额和残疾程度两个因素确定。残疾程度一般以百分率表示,残疾保险金数额的计算公式是:

残疾保险金 = 保险金额 × 残疾程度百分率

在意外伤害保险中,保险金额不仅是确定死亡保险金、残疾保险金数额的依据,而且是保险人给付保险金的最高限额,即保险人给付每一被保险人死亡保险金、残疾保险金累计以不超过该保险金额为限。

当由于意外伤害造成被保险人身体若干部位残疾时,保险人按保险金额与被保险人身体各部位残疾程度百分率乘积之和计算残疾保险金,但如果各部位残疾程度百分率之和超过 100%,则按保险金额给付残疾保险金。被保险人在保险期限内多次遭受意外伤害时,保险人对每次意外伤害造成的残疾均按保险合同中规定给付保险金,但给付的保险金累计不超过保险金额为限。

第三节　再保险

一、再保险的概念

（一）再保险的定义

再保险又称分保，是保险人将其所承保的风险责任，部分或全部地向其他保险人进行保险的行为。即保险人以其承担的风险责任为标的，向其他的保险人投保。这种保险行为有再一次保险的特性，是保险的保险，故称之为再保险。通常，将自己直接承保的业务分让给其他保险人的保险人称之为原保险人（或分出人、再保险分出人、分出公司）；接受其他保险人分来业务的保险人称之为再保险人（或分入人、再保险接受人、分入公司）。原保险人分给再保险人的部分风险责任称为分出额，自己负责的部分风险责任称之为自留额。当然，再保险人也可将其接受的再保险业务再分给其他的保险人，这种行为称之为转分保。分出的一方为转分保分出人，接受的一方为转分保接受人。[①]

原保险人和再保险人必须通过签订再保险合同来明确双方的权利与义务，如分保是以保险金额还是以赔款为基础、分保的方法、保险费的分配和赔款的分摊等问题都要在再保险合同中加以规定。

（二）再保险与原保险的比较

再保险与原保险都是保险，二者既相互联系又相互区别。

1. 再保险与原保险的联系

（1）原保险是再保险的基础，再保险是原保险风险的进一步分散。再保险合同不能离开原保险合同而单独存在，再保险人的责任、保险金额和保险期限均以原保险为限；原保险业务的发展也需要再保险的支持，当原保险人争取到的一笔业务超过了自身的财务能力时，没有再保险的支持，这笔业务或许就难以成交。所以，再保险在某种程度上可以

① 邵学清著．科技保险的理论与实务[M]．北京：科学技术文献出版社，2011.

说是原保险的强有力的后盾。

（2）保险的基本原则，即保险利益原则、最大诚信原则和损害补偿原则，同样适用于再保险。

（3）原保险和再保险都是法律行为，都要通过合同明确规定双方的权利和义务，都要依据法则来分散风险，保持其财务的稳定性。

2. 再保险与原保险的区别

（1）合同的当事人不同。原保险合同的当事人是投保人和保险人；再保险合同的当事人均为保险人，即原保险人和再保险人。虽然保险人同时充当了原保险合同和再保险合同的当事人，但原保险合同和再保险合同都是独立的合同。因此，投保人和再保险人不发生任何业务关系，再保险人不得向投保人要求支付保险费；被保险人或受益人不得向再保险人要求赔偿或给付；原保险人不得以再保险人未履行再保险责任为理由拒绝或延迟履行其对被保险人或受益人的赔偿或给付责任。

（2）保险标的不同。原保险的保险标的可以是财产、利益、责任、信用和人的生命或身体，而再保险的保险标的是原保险人所承保的风险责任。

（3）合同的性质不同。从合同性质看，原保险合同分为补偿性合同和受益性（给付性）合同，财产保险合同是补偿性合同、除医疗保险以外的人身保险合同是受益性合同；但所有的再保险合同，无论是财产保险的再保险还是人身保险的再保险，都是补偿性合同，都是按照再保险合同的规定对原保险人所支付的保险金进行补偿。

（4）支付方式不同。在原保险中，投保人向保险人单方面支付保险费；在再保险中，原保险人向再保险人支付分保保险费，而再保险人要向原保险人支付分保手续费。

（三）再保险与共同保险

共同保险是由两个或两个以上的保险人联合直接承保同一保险标的、同一保险利益、同一保险责任而总保险金额不超过保险标的保险价值的保险。数个保险人可能以某一保险人的名义签发保险单，每个保险人在各自承保金额限度内按照约定的比例承担保险责任。

共同保险与再保险皆有分散风险、控制损失、扩大承保能力、稳定经营成果的功能，但两者之间又有明显的不同之处。

（1）与投保人或被保险人的法律关系不同。在共同保险中，投保人与保险人建立的保险关系是横向的，与每个保险人之间有直接的法律关系。在再保险中，再保险是保险人同保险人建立的保险关系，是纵向联系，投保人与再保险人之间没有直接的法律关系，再保险人仅与原保险人之间有直接的法律关系。

（2）风险分散的方式不同。就风险的分散方式而言，共同保险属于第一次危险分散，而再保险则为第二次危险分散。

比较而言，共同保险是横向之危险分散，再保险是纵向之危险分散。共同保险必须为同一个保险契约，投保人当然必须同一，保险利益、保险事故、保险期限等亦均必须同一；而再保险与原保险之间则为完全独立的两个不同的保险契约，投保人、保险利益、保险事故亦均各不相同。

共同保险与再保险虽然存在一定的差异，但近年来随着保险风险的不断增大和集中，各种保险标的的危险累积增大，保险金额大量增加，在保险市场上两者渐趋接近，相互渗透，彼此之间相辅相成，综合运用的趋势逐渐明显。因此，在保险市场中，共同保险与再保险结合采用可以达到危险迅速彻底分散的效果。

（1）共同保险的再保险化——采用连带式的共同保险方式。连带式的共同保险方式，就是承保同一危险的各个共保人承担连带责任。每个共同保险人均有义务赔偿被保险人的全部损失，但共同保险人在向被保险人履行全部赔偿义务之后，应向其他共同保险人要求承担其分摊的份额。这种形式的共同保险在具体做法上完全再保险化。

（2）再保险的共同保险化。近年来，伦敦保险市场的做法表现了再保险与共同保险共存的趋势：在再保险合同内，明确规定再保险人要与原保险人为共同保险人。通过这种方式，再保险人直接参与保险业务。

二、再保险的作用

再保险的产生主要是基于保险人分散风险的需要，是保险经营活动的稳定器。同时由于再保险行为经常在国家间进行，影响广泛，因而再保险的作用可以从微观、宏观两方面加以说明。

（一）再保险的微观作用

再保险活动的微观作用主要体现在对于分保分出人、分入人双方经营活动的影响。再保险对于分保分出人的作用主要体现在以下几个方面。

（1）扩展业务量，增强承保能力。承担保险的部门越多，保险企业越有经济经营规模化的效益。保险业务经营的基本原则之一就是要增强保险承担能力和力度，使承保涉及更多的风险单位，进而更好地满足消费者需求。保险公司的承保能力受其资本和准备金等自身财政状况的限制，资本额不能低于业务量的10%，否则业务的经营就存在潜在威胁，需要清理，所以10%的比例又被称为“清理界限”。资产薄弱的财产保险公司不能承保超过自身财力的大额业务。即使资本雄厚的保险公司也不敢轻易承保大额业务，这势必影响业务来源及业务量。通过再保险，保险公司在计算保费时可以扣除分保费，因而可以在不增加资本金的情况下大胆承保超过自身财力的大额业务，从而扩大业务量，同时自身承担的责任仍在正常标准的范围之内。[①]

（2）降低营业成本，提高经济效益。同时，保险公司办理再保险后，在收到保户的保险费和支付再保险费之间有一定的时间差，这样分出公司可以保持一定的可运用资金。

再保险对于分保分入人的作用主要体现在以下两个方面。

（1）扩大风险分散面。再保险分入人对自己所接受的分保业务也寻求风险的分散，争取风险单位的大量化。在许多情况下，再保险人同时也是直接承保人。当他接受分出公司分来的同类业务时，无疑扩大了同类业务的风险单位数，风险分散面也就扩大了。特别是业务来自不同地区时也实现了风险在空间地域上的分散。

（2）节省营业费用。相对来说，再保险公司接受分入业务所负担的费用比直接承保业务所负担的费用少，因为再保险公司不必为招揽业务而到处设立分支机构或代理机构，也不必为处理赔款而培训及设置许多专职理赔人员。此外，再保险可依靠少数几个合同分入大量的业务，所需的人力、物力要少于直接业务。虽然再保险公司在接受分入业务收取分保费的同时还要支付佣金，分摊赔款，但由于营业费用的节省，收支相抵后收益往往还很大。

（二）再保险的宏观作用

保险是社会的稳定器。再保险作为保险的保险，从而也是社会的稳

① 齐瑞宗主编．保险理论与实践[M]．北京：知识产权出版社，2015.

定器。

1. 再保险为国民经济的发展积累巨额保险基金。保险人通过我国和国际再保险活动,相互分保,从而将彼此独立的、数额较少的保险基金联合起来,形成一个巨额保险基金,客观起到联合保险基金的作用。通过这种联合的、巨额的、全球性的保险基金就可以承保一家保险公司或一国保险市场无法承担的巨额风险,满足现代化生产和高新技术发展对巨额保险的需要。

2. 为国家创造外汇收入。由于再保险在很大程度上需要越出国界在国家间进行,所以其分入业务所收取的外汇再保险费以及向国外再保险公司分出业务摊回的赔款均可增加国家的外汇收入,弥补贸易逆差,平衡国际收支。

三、再保险的安排方式

(一)临时再保险

临时再保险具有以下特点。

1. 在临时再保险业务中,分出公司和分入公司对每笔再保险业务的分出分入都有自由选择的权利,不具有强制性。分出公司可以视风险程度和自留能力决定是否分出,分出多少。分入公司也可以根据分出业务的质量和自身承受能力自由决定是否接受。

2. 临时再保险以个别保单或风险单位为基础,针对性强。临时再保险是对风险或责任的临时分出,所以一般是分出公司对个别特殊保单或风险单位采取的临时处理措施。同时由于临时再保险是逐笔办理,分保的风险责任、摊赔的条件等都具有很强的针对性。

3. 临时再保险业务条件清楚,分保费支付及时。临时安排分保,分出公司需将分出业务的具体情况和分保条件毫无保留地告诉分入公司,以便分入公司决定接受与否。临时再保险是逐笔办理,支付再保险费也较为迅速,有利于分入公司的资金运用。

4. 业务手续烦琐,时间性强。由于临时再保险是逐笔办理,所以手续烦琐,费用开支也较大。另外,由于临时再保险只有在分入公司同意接受以后,分保安排完毕,分出公司才能承保原保险标的,时间性强,所以分出公司必须迅速将业务情况和分保条件告知分入公司,以免贻误时机，影响业务的争取，或者发生了理赔案，原保险业务还没分出去，分出公司承担全部责任。

由于临时再保险上述特点，它适合于以下业务：第一，新开办的业务或不稳定的业务。第二，合同规定的除外业务或不愿置于合同的业务。如航空险再保险合同，有的将劫持险除外。分出公司对于这类业务只能安排临时分保。第三，超过合同再保的限额或需要超赔保障的业务。如遇有较大保额的业务超过了合同再保的限额，分出公司就需要运用临时再保险安排分保，以增强其承保能力。同时，分出公司为自身安全可对其自留额部分或全部安排临时超赔分保，以减少所承担的责任。

（二）合同再保险

合同再保险有如下特点。

1. 合同再保险对于分出公司和分入公司在合同范围内均具有约束力。合同再保险合同一经双方签订，双方就得共同遵守合同的各项规定，分出公司有义务将合同范围内的业务分出，分入公司有义务接受按合同规定分出的所有业务，没有自由选择权。

2. 合同再保险一般是不定期，或者期限较长，分保条件比较优越。由于合同再保险是预先签订的，所以往往不定期限，或者期限较长，因而业务比较多。分保条件比临时再保险优越，对双方都有利。

3. 合同再保险以分出公司某种险别的全部业务为基础。凡是该类业务，包括来自分支机构、代理机构的业务，分出公司必须纳入合同进行分保，不能挑选，以免出现逆选择，同时简化了手续。

（三）预约再保险

预约再保险具有如下特点。

1. 预约再保险对于分出公司具有临时再保险性质，对于分入公司具有合同再保险性质。分出公司就某类业务同分入公司签订预约再保险合同后，对该类业务可自由选择办理，但对分入公司而言没有挑选的余地，凡是分出的属于预约再保险范围内的业务，必须接受。

2. 预约再保险较临时再保险手续简便，节省时间。分出公司根据自己的业务需要，随时决定将合同范围内的业务纳入合同。同时分入公司没有选择是否接受的余地。因而预约再保险比临时再保险逐笔安排更为简便,也节省时间。

3. 预约再保险业务稳定性差。预约再保险对分出公司较为有利,可以享有临时再保险的灵活性,同时享有合同再保险分散风险的优点,将稳定性好的业务自留,将风险大、质量欠佳的业务分出,而分入公司却没有对分入的业务进行选择的权利,对预约再保险的业务质量不易掌握,特别是由经纪人中介订立的预约合同业务更难了解。因此,分入公司业务来源的稳定性较差。

预约再保险与合同再保险相比,有许多不同之处。例如,预约再保险佣金较少,也没有盈余佣金;预约再保险期限较短,通常为1年;预约再保险应用范围较小,常用于某一特定风险,在支付再保险费时,没有留存保费准备金的规定。

预约再保险实际上是合同再保险的一种补充,一般适用于火险和水险的比例再保险方式。当有的业务虽然已经列入合同再保险合同,但由于合同分保限额不能满足需要,则需将溢额另行安排分保。若采用临时再保险,手续烦琐又难以及时分散风险,而采用合同再保险业务量又不够。在这种情况下,可以采用预约再保险。

四、再保险的合同形式

(一)比例再保险

比例再保险的实际操作方式主要有三种,即成数再保险、溢额再保险和成数溢额复合再保险。在这里主要介绍前两种保险。

1. 成数再保险

成数再保险是指原保险人按一定比例将风险单位的保险金额向保险人分保的方式。通过这样的保险方式,只要分出公司承担的风险单位处于合同规定的限额之内,无论保险金额的大小,都会依照两方规定的比例分摊责任。同时,每单风险单位的赔款和保费也要按一定比例进行交付。可以说,这种保险方式是最为简单的,具有按比例、绝对化的特点。另外,成数再保险在实际应用中通常不会受限,各保险人所承担的份额也不尽相同。值得注意的是,分出公司的自留比例一般在40% ~ 50%,占比较大。

由于成数再保险对每一风险单位都按一定比例分配责任,因而在遇到巨额风险责任时，原保险人和再保险人承担的责任依然很大。因此，为了使再保险双方承担的责任有一定的范围，每一份成数再保险合同都按每一风险单位或每张保单规定一个最高责任额，分出与分入公司在这个最高责任额中各自承担一定的份额。

成数再保险的优点和缺点：

优点一：合同双方利益一致。成数再保险对每一风险单位的责任均以保险金额为基础由分出公司和分入公司按一定比例承担。因此，不论业务良莠、大小，不论经营的结果是盈是亏，再保险双方利害关系一致。因此，成数分保合同很少发生争执。此外，因为成数再保险原保险人自留的比例往往较高，所以对业务的选择往往较为谨慎，业务成绩通常较稳定。

优点二：手续简便，节省人力和费用。成数再保险是典型的比例分保，分出公司和分入公司之间的责任、保费、赔款的分摊都很简单，使分保实务和分保账单的编制手续简化，节省人力、时间和管理费用。

缺点一：缺乏弹性。对分出公司来说，只要属于成数再保险合同的承保范围，任何业务分出公司均应按照约定的比例自留和分配保额，失去灵活性，导致质量好的业务不能多留，质量差的业务不能少留。这样，成数再保险往往不能满足分出人获得准确再保险保障的需求。

缺点二：无法平衡风险和责任。虽然成数再保险的所有项目都是按一定的比例分配保险金额的，但分出人却不能明确区分损失大小和保险危险度的高低，进而不能做出合理安排。在其影响下，原保险金额高低不一的问题会继续存在，保险的风险责任也无法达到平衡。

再保险合同通常有最高责任额的限制，但这只能起到防止责任累积的作用，而且有了该最高责任的限制，对于超过限额的部分还需另作其他再保险安排。

成数再保险上述特点决定了它比较适用于：①新公司由于缺乏经验，这类公司对再保险合同自留额等要素的把握缺乏经验，采用成数再保险可以得到再保险人在风险分析、承保审定、赔款处理技术等方面的帮助。②新险种。新开办险种时由于缺乏实际经验和统计资料，采用成数再保险较为稳妥。③汽车险、航空险。这两类险种出险频率高，赔款频繁，运用成数再保险可发挥其手续简便、双方共命运的优势。④保额和业务质量比较平均的业务。如粮食运输及其运输船舶与每船的保额大致相同，采用成数分保时限额不会太高，业务比较稳定，并可收取较高分保佣金,同时免去了责任累积之虑。

2. 溢额再保险

成数再保险与溢额再保险有相类似的地方,分出额与自留额都具有一定的比例关系,都是将保额作为基础来划分分保关系。二者的区别在于,成数再保险是依照保额的固定比例,随总保额的大小变化而变化;而溢额再保险中的自留额不会随着总保额的大小发生变化,是一个相对固定的数字,但它与总额的比例会随总额的大小而变动。

在溢额再保险中,自留额是确定再保险限额的基本单位,超过自留额的部分,即溢额通常是以自留额的一定倍数(再保险中成为线数)来限定的。例如,某溢额再保险合同的分保限额为 20 线,则一线的责任为分保限额的 5%。假定自留额为 100 万元,则合同限额或合同容量即为 2100 万元。

溢额再保险线数的确定要根据原保险人的业务内容和自留能力综合考虑。分出公司需要划分不同层次的溢额来应对业务发展和承保业务保额增加所引发的问题,例如可以依次分为第一溢额、第二溢额等,如果第一、二溢额无法满足业务发展需求时,还可以进一步划分第三溢额、第四溢额等。

溢额再保险优点表现在:第一,可以灵活确定自留额。在溢额再保险中,分出公司可以根据不同业务种类、质量和性质以及自身承担风险的能力,可以灵活确定最佳自留额。这不论是在业务的选择上还是在节省保费支出方面,溢额再保险都具有优越性。对于保额较大业务,分出公司可以设置不同层次的溢额,在分散巨额业务的风险方面具有较大的弹性。第二,均衡风险责任。对于保额不均匀的业务,采用溢额再保险可以通过灵活确定自留额,均衡风险责任,解决原保险合同保险金额高低不齐的问题。

(二)非比例再保险

非比例再保险可以分为超额赔款再保险、复合再保险和赔付率超额再保险。

1. 超额赔款再保险

超额赔款再保险简称超赔分保,是原保险人因同一原因所发生的任何一次损失，或因同一原因所导致的各次赔款的总和，超过约定的自负赔款责任额时，其超过部分由分入公司负责到一定额度。在实务中，超赔分保又有险位超赔和事故超赔分保之分。

2. 复合再保险

在实务中，再保险各种业务方式经常相互配合运用，以取得分散风险、转移损失、节省再保险费的最佳效果。

（1）溢额超赔、成数超赔复合再保险。溢额再保险与超赔再保险之组合，或成数与超赔再保险之组合通常运用在自留部分。

当然，分出公司应注意提高自留额所节省的再保险费应大于安排超赔再保险的再保险费才合算。

（2）超赔、成数复合再保险。这种组合方式是将超额赔款再保险的起赔点提高，然后在自负责任部分采用成数再保险。

3. 赔付率超赔再保险

赔付率超赔再保险是在某特定期间内（通常为 1 年），分出公司某一特定部门业务的赔付率超过自负责任比率时，超过部分由分入公司负责到一定程度。分入公司的责任有一最高限度，以赔付率表示，同时还有一定金额限制。由于这种再保险业务方式可以将分出公司某一年度的赔付率控制于一定的标准之内，所以对分出公司而言，又有停止损失再保险之称。

赔付率是赔付率再保险的中心问题。在实务中，通常采用以签单年度的净保费收入与同一年度赔款净额之比，作为该年度赔付率，即赔付率 =（赔款净额：年净保费额）× 100%。其中：

赔款净额 = 发生赔款（包括理赔及诉讼费用）- 收回的赔款 - 摊回的再保险赔款

年净保费收入 = 毛保费 + 加保费 - 退保费 - 佣金 - 再保费支出 - 保费税款 - 盈余佣金

对于小额损失集中、发生损失频率高的保险业务，采用这种再保险方式较多。因为小额损失多，若采用超赔再保险，则起赔点要定得很低，势必要支付大量再保险费。因而最经济简便的方法是安排赔付率超赔再保险，这既节省再保险费，又保障分出公司不致发生严重亏损。赔付率超赔再保险在农作物保险方面运用较多。

第四节　社会保险

一、社会保险的产生及其特点

（一）社会保险产生的客观条件

1. 社会保险的产生及发展

最早的社会保险应该是从英国的《济贫法》颁布开始的。1601 年英国颁布了对贫民生活接济的法案——《济贫法》，该法案的核心思想明确了对英国社会生活困难的贫民群体的接济责任是英国皇家政权，以此明确了社会保险的责任主体应该是政府。

真正为了解决社会问题，由政府以立法的形式而举办的社会保险起源于 19 世纪 80 年代德国的《疾病保险法》《工伤保险法》《养老、伤残、死亡保险法》等法令的颁布与实施。随着欧洲工业革命的不断推进，工业化快速发展的德国，工人和资本家的矛盾不断激化，为了缓和矛盾，德国国会由此制定了一个压制工人的法案，不允许工人结社和罢工。此法案出台使本来已经激化的阶级矛盾发展到了一触即发的状态。在这种情况下，时任德国首相的俾斯麦深为恐惧。于是，他废止国会的法案，随后制定了社会保险法送交国会。该法提出在国民及家属生活遇到困难或不幸时，可以向政府领取保险金。这一政策的目的在于稳定劳工情绪，缓和阶级矛盾，帮助政府解决社会问题。①

从 20 世纪初开始，德国的社会保险为西欧各国所仿效，并在 20 世纪 40 年代迅速发展。20 世纪 80 年代后，逐渐扩展到世界上 140 多个国家和地区。从社会保险的产生来看，它是在资本主义发展过程中，随着社会化大生产和商品经济的发展而逐渐发展并完善起来的使用保险来解决社会问题的一种重要的社会管理工具。

2. 社会保险产生的客观条件

（1）社会化大生产的发展为社会保险的产生提供了客观条件。随

① 张彪编著．保险理论与实务[M]. 合肥：安徽人民出版社，2009.

着社会化大生产的发展，大量的小生产者从农村涌入城市，从手工作坊进入大生产企业，成为除劳动力以外几乎一无所有的雇佣劳动者。他们一旦失去劳动能力或工作机会，其生存将面临严重的威胁。在短期内，这种情况也许可以通过亲友接济、同事扶助或社会慈善机构的救助来得到缓解，但长此以往是不可能的。

（2）在社会化大生产中，技术与设备不断更新，市场环境不断变化，企业生产规模随之经常变动，产品与产业也会经常调整，由此，会导致非自愿失业人口的增加。在没有重新就业获取经济收入之前，这些人的生活难免会陷入困境。

（3）在社会化大生产中，随着高科技、新工艺的运用，机械化操作越来越普遍，劳动节奏大大加快，操作难度也在加大，这就使得劳动过程中的危险因素和发生意外事故的可能性也随之增加了。为保护劳动者的身心健康，要求政府提供特定险种项目的呼声也日益高涨起来。

（4）社会化大生产的发展带来了家庭结构和人际关系的变化。家庭结构小型化，家庭功能的简单化越来越成为家庭发展的趋势。随着越来越多的妇女走向社会，成为职业妇女，导致原先在传统社会中家庭所具有的对老、弱、病、残、生、死、孤、寡人员的照顾与服务的功能日益向社会转移，由此使得越来越多的家庭乃至全体公民都希望以社会保险的形式来解决他们的后顾之忧。

（5）在社会化大生产中，随着劳动生产率的大大提高，社会财富也大大增加了，这就为国家和社会推行社会保险制度奠定了可靠的物质基础。

（二）社会保险与商业保险的区别

1. 非营利性

社会保险是一种不以营利为目的、服务于社会政策的保险。即便社会保险要通过精准的测算方式加以运行，社会保障水平的高低和保险项目的取舍也并不是通过经济效益的高低判别的。国家财政对社会保险财务的运作情况负有最终责任。国家财政不能通过任何形式支撑保险开支需求，因为商业保险在财务上是独立核算和自负盈亏的。

2. 强制性

实施社会保险组织的保障之一就是要坚持强制性原则。社会保险来源是否可靠也是基于此项标准。另外，商业保险遵循“谁投保，谁受益；不投保，不受益”的原则，按照保险合同的约定设计险种、缴纳保费、设定保险期限、划分责任、平衡责任与义务的关系，等等。如果合同履行终止，保险责任也随之消除。

二、社会保险的实施

（一）社会保险的功能

1. 社会保险制度是劳动生产顺利进行的有力保证

在劳动过程中，危险是客观存在的。劳动者面临疾病、失业、伤害等种种威胁，这必定会对劳动者的收入和身心健康产生影响，进而影响整个劳动生产过程。社会保险可以为劳动者提供必要的物质保障，在出现劳动意外的情况下帮助再生产顺利进行。

例如，失业保险所提供的保险金和专业培训费，有利于保护劳动力不至于因失业而萎缩和落伍；医疗保险对职工提供医疗费补贴和必要的治疗服务，相当于劳动力的修理费用；生育保险使女职工能早日恢复劳动力，也使新的劳动力得以延续。生产的发展不仅取决于劳动力的维持，还取决于劳动者素质的高低。社会保险可以减轻劳动者的家庭负担，从而将一部分钱用于本人和家属的智力投资，提高劳动者的素质。

2. 实施社会保险制度，有利于改善就业结构，加速产业的调整和发展

实施社会保险保障的国家，一方面，要求企业对职工承担一定的保险责任；另一方面，社会保险机构也从基金上给予企业支持。在经济危机时期向雇主支付职业调整费和职业发展费，对雇主在职工技术培训和教育方面给予帮助，如承担部分培训费用、开设职业课程、向雇主提供为提高和发展职工劳动技能所需要的服务项目、提供与职业培训有关的技能和经验，以及提供职业培训人员的国际交往条件等。这些措施既提高了劳动者的素质，改善了就业结构，扩大了就业机会，也促进了企业的发展。

（二）社会保险的实施原则

1. 具体问题具体分析

社会保险要反映与适应国家与地方的发展状况与形势。因为社会

保险是对个人消费品的分配，社会可供分配的消费品的数量取决于生产力的发展水平。社会保险的项目和水平如果超过生产力的发展水平，就会影响生产的发展；反之，又会使社会保险因缺少可靠的物质基础而陷入困境。

2. 既要事后补偿，也要事先预防

社会保险既要发挥其事后补偿的作用，也要在国民经济、社会管理中发挥积极预防性的能动作用。例如在失业保险中规定，在领取失业补助金期间内提前就业者，保险机构可以给予一部分再就业补助金，以鼓励失业者早日就业，克服不愿就业或等失业补助金用完了再就业、就业不报等现象。

（三）社会保险费的负担

与商业保险一样，社会保险运作的基础也是保险费。但在商业保险中，其自愿性和营利性决定了保费的缴纳是投保人个人的问题。而社会保险就不同了，由社会保险的非营利性、强制性、普遍保障性和权利与义务的基本对等性所决定，缴纳保费的主体在很多情况下不是单一的，而是多元的。这就产生了社会保险费负担比例的决定问题。一般说来，其决定因素有两个：保险险种的性质，被保险人、雇主与政府三方各自负担保险费的能力。

1. 保险险种的性质

根据保险险种的性质来决定社会保险费的比例。这里有一个基本原则，即“风险原因决定论”，它是决定保费负担比例的重要原则之一。该原则的含义是，如果风险的原因是属于自然性的，那么应当主要由个人来承担保费的缴纳义务。例如，年老、疾病是每一个劳动者一生中都要遇到的事情，因此，像养老保险、疾病保险等，享受者应缴纳保险费；而像失业（非自愿失业），这是社会经济发展中出现的一种失衡现象，它在很多情况下是与劳动者个人无关的，也是劳动者个人无法控制的，因此政府应负担失业保险的大部分或全部保险费；再比如工伤保险，它是以劳动工作中出现的风险事故为保险标的，是对劳动者付出代价的补偿，与生产过程直接相关，因此，雇主应承担大部分保险费。

2. 被保险人、雇主和政府三方各自负担保险费的能力

1952 年第 35 届国际劳工大会通过的 102 号公约规定，社会保险保费（包括管理费用）应借助于缴纳保险费和税收的方式，或者两种方式同时采用，但是要考虑被保险人的经济情况，不致使其生活来源发生困难。雇员负担的全部保险费用，不得超过社会保险保费的 50%。目前，绝大多数国家投保人个人所负担的份额都少于雇主负担的份额，政府则根据国家财力所提供的可能，给予适当的补贴。

（四）社会保险费的计算

社会保险必须根据各种风险事故的发生频率、给付范围与给付标准事先估计出给付支出总额，计算出被保险人所应负担的一定比例，作为制定费率和征收保险费的标准。

1. 影响社会保险费的因素

社会保险所保障的范围很广，因而其损失率的种类也很多。如伤害率、残废率、生育率及死亡率等等。虽然起作用的自然因素较多，但同时也与医学进步、生产方式、工厂的防护设施等社会因素有密切的关系。如失业率、退休率、职业伤害率等，就主要受社会因素的影响。社会因素的变化较大，加之还需要顾及有关各方面的负担能力，因此，社会保险费率的计算，除了基本因素以外，还应综合考虑其他的相关因素，以求公平合理。

2. 社会保险费的计算方法

社会保险费个人部分的计算大多采用比例保险费制，即以被保险人的工薪收入作为基准，规定一定的百分比，在此基础上进行计算。在这种计算方式中，保险费率与被保险人的收入均为保费的计算基础。采用比例保险费制的理由在于，社会保险的主要目的是补偿被保险人遭遇风险事故期间丧失的收入，以维持他们最起码的生活标准。被保险人平时赖以生存的收入，既是衡量给付的标准，又是计算保费的依据，这样，就使得被保险人受领的保险金给付与其缴纳的保费这两者能够与实际情况相一致。

(五)社会保险基金

1. 社会保险基金的组成

社会保险基金是一种具有特定用途的专项资金,它通常由责任准备金、意外准备金和保险费收支结余三部分组成。

(1)责任准备金。责任准备金是社会保险机构按照保险给付总额与保险责任相平衡的原则,根据保险事故和给付的性质,从收取的保险费中,按照一定的比例提留的资金。同商业性保险公司一样,社会保险机构承担的也是未来责任和预期责任,对于何时发生赔付、赔付额有多大,事先是很难做出非常准确的预测的。因此,为了稳定社会保险财务,顺利履行义务,社会保险机构必须从所收入的保险费中提取责任准备金。

(2)意外准备金。这是社会保险机构为应付不可预料的巨大风险而逐年积存的一部分资金。人们在长期的社会实践中,虽然掌握了某些保障事故(如退休等)发生的规律,但对于一些出乎人们意料的保险事故的发生及其所造成的危害程度,则是难以预料和测算的。例如瓦斯爆炸、船舶触礁,特别是地震、海啸、核污染等特大事故的发生,必须要耗费大量的人力、物力和财力,需要支出巨额社会保险补偿金,由此必然会给社会保险财务带来一时难以支付的困难。为了应付上述这些突如其来的特大保险事故,社会保险机构必须积存意外准备金,以便在责任准备金不够支付时使用。

(3)保险费收支结余。各个保险机构每年征收的保险费,在扣除了各项支出和必要的准备金以外,有的年份可能还会有部分剩余。在一定情况下,这部分剩余资金可以用来充实社会保险基金。

2. 社会保险基金的运用

社会保险基金的运用是指以社会保险沉淀资金进行直接的经济建设活动。资金运用的目的,一方面是促进其在国民经济的发展中起到融资、救济和补充的作用;另一方面则在于增强社会保险的偿付能力。一般说来,社会保险基金的运用可以采取储蓄存款、直接对外投资、不动产投资和购买有价证券等方式。

(1)储蓄存款。它是指社会保险机构将社会保险基金的全部或部分存入银行,收取利息。这种方式的优点是安全可靠、流动性强;缺点是收益率低,容易受通货膨胀的影响。

(2)直接对外投资。它是指社会保险机构作为信贷机构直接运用其掌握的社会保险基金对外贷款。与银行资金相比较,社会保险基金作为直接对外贷款的资金来源具有其特殊的优越性,具体表现在如下两个方面。

第一,资金具有规律性、持续性和稳定性。从长期看来,社会保险基金的资金来源与给付都有一定的规律性。企业生产经营活动的长期延续性、社会保险的相对长期性,以及社会保险的强制性,这三方面共同决定了社会保险机构集中的一部分资金也具有持续性;此外,由于保险双方通过合约的形式规定了彼此的权利与义务,所以社会保险基金受外来影响较小,处于相对稳定的状态。

第二,社会保障基金具有局部的无偿性。银行资金的最大特点是有偿使用,它是以偿还作为前提的支出。但是社会保险的补偿是有条件的,社会保险集中资金总体是先收后付的,所以,这会导致相当一部分保险金具有无偿性。

社会保险基金的这些特性决定,它在期限上可自由选择那些流动性好、变现快的短期流动资金贷款;或投资于效益好、稳定安全的中长期技术或设备贷款。由于它的平均成本低,因此将取得高于同类银行贷款的收益。

(3)不动产投资。它是指社会保险机构通过有关部门以各种方式进行土地开发、住宅建设以及进行老城区改造和新城区建设等开发性投资。不动产投资对社会保障基金来说,具有安全性、收益性和社会性等特点,但因生产周期长,占用资金数量大,其流动性不是很好。

(4)购买有价证券。它是指社会保险基金购买股票、债券等有价证券。一般来说,股票投资收益丰厚,变现容易,尤其在通货膨胀时期易保存其价值,但投资风险也较大;债券投资具有风险较小、安全性较大的特点,但收益性相对股票来说要差。

综上所述,社会保险机构在选择投资形式时,需根据当时的市场情况和各种投资手段的特点来合理分配投资基金。总的原则是,不要将所有的鸡蛋都放在一个篮子里。

三、社会保险的主要类型

社会保险作为一种保证社会稳定的重要制度安排，为社会成员提供了广泛的基本保障。尽管由于社会、政治、经济条件的不同，各国社会保险的保障内容有所不同，但基本上都包含养老、失业、疾病、生育、工伤等几个方面。

（一）养老保险

由于社会经济是不断发展变化的，一次性给付的保险金易于受到各种社会的、经济的因素的冲击，由此影响到被保险人的实际生活水平，使养老保险不能起到应有的作用。世界各国养老保险金的给付标准是不一致的，大体上来说，可以分为以下几种形式。

1. 以工资作为基础，按照一定比例进行计算

这种方式强调工资的作用，即强调工龄或服务年限的长短、缴纳保险费的多少。目前世界上大多数国家均采用这种方法。这一类型又有三种形式。

统一报酬比例，即年金与工资收入成正比。年金的计算按照最近几年平均工资的一定比例来计算。

基本比例加补充比例。即以平均工资收入的一定百分比为基本给付率，然后每超过最低投保年限一年，则另加一定比例。

倒比例法。即工资越高，规定比例越低；工资越低，规定比例越高。

2. 以生活费为基础来计算年金

这一制度通行于社会保险较为发达的国家。它又有两种形式：

全国居民按照统一数额给付，给付数额随生活费用指数的变动进行调整；

规定一个基础年金，在此基础上，附加给付比例。例如规定基础年金为 100 元，单身为这一基数的 95%；已婚夫妇为基数的 150%。

（二）失业保险

1. 失业保险的给付限制

保障非自愿失业者的基本生活、促使其再就业是失业保险的根本目的。各国为避免失业保险制度产生反向选择的情况，均严格规范了保险的待遇享受资格。

（1）失业者要满足劳动年龄限制。只有处在最低劳动年龄和退休年龄之间的劳动者才有机会享受失业保险。另一方面，这项规定也保障了未成年的权利不受侵害，为其营造一个良好的成长氛围。各国都有严禁雇佣童工的明文规定。未成年不能参与社会劳动，就业问题也就不复存在；老年人已经为社会奉献了自身价值，法律上并未规定其社会劳动义务，所以也不能纳入失业保险的保障人群。由此可知，失业保险是一种在职保险，是失业后的补助形式。

（2）失业者要符合一定的资格条件。各国一般都规定了失业者必须具有享受保险给付的资格条件，以适应社会保险权利与义务相统一的基本原则，这些资格条件通常可以分为：第一，缴纳保险期限的条件；第二，投保年限；第三，就业期限条件；第四，居住期条件。

（3）失业者必须具有劳动能力和就业愿望。失业保险所保障的是那些积极劳动力中的失业者。失业者是否具备劳动能力，由职业介绍所或失业保险主管机构根据申请人的体检报告来确定。由于疾病、生育、伤残或年老而离开工作者，属于社会保险其他分支的保障对象。

2. 失业保险的给付原则

在确定失业保险给付水平时，从保障的目的出发，各国普遍遵循以下原则。

（1）给付标准一般低于失业者在职时的工资水平，并在一定时期内给付，超出规定期限，则按社会救济的水平给付。因为过高的待遇，既会增加失业保险财务负担，又易于使失业者滋生懒惰或依赖的心理，坐吃失业保险金而不愿意重新就业，从而导致逆选择。

（2）确保失业者及其家属的基本生活需要。劳动者失业后，失业保险是其主要的收入来源。因此，失业者及其家属的生活水平也由保险金给付水平确定。为维持失业者的正常生存，保护劳动力，失业保险向其提供基本生活的保障。

3. 失业保险的具体给付

（1）给付期限。由于失业发生在一定时期内，所以失业保险属于短期社会保险。从某种意义上来说，失业保险只能依据平均失业时间来确定一个给付期限，而不能像其他社会保险一样对保险人进行无限期的给付。

关于失业保险的给付期限，大多数国家都有限制，一般为半年。有些国家还规定，在给付期满后，如果被保险人的收入或财产在一定标准以下，他还可以获得失业补助或其他救济金。有些国家依照被保险人失业前的就业时间或缴纳次数决定给付期限的长短。

（2）给付比率。关于失业保险的给付比率，各国规定不尽相同，其计算方式也各异。归纳起来，大致有以下两种情况。

第一，资比率制。即失业保险金以被保险人在失业前一定时期内的平均工资收入，或某一定时点上的工资收入为基数，依据工龄、受保年龄、工资水平或缴费年限，确定百分比计发。其中的工资基数又分为工资总收入和标准工资、税后工资几种。而计算的百分比又有固定、累退和累进三种方式。此外，一些国家还规定了工资基数的最低额和最高额。

第二，均一制。即对满足条件的失业者，不论其失业前工资的多少，一律给予同样的绝对额。

4. 失业保险金的筹集方式

从以前的实践来看，绝大多数国家的事业保险都采取当场收付的形式，就是将保费收入随即用于保险的给付。另外，费率也要随着给付情况的变化进行调整，调整的频率可以为1年、3年、5年。采用此种方式，不需要为将来提存准备金，从而使未来保险金的现值等于未来保险费收入的现值，提高失业保险工作的安全系数。为充分应对紧急情况，通常情况下都要提存风险准备金。

提存特别风险准备金的筹集方式有两个缺陷：第一，必须经常重估财务结构，调整费率，因而在操作上不甚方便；第二，由于管理上或政治上的原因可能影响保险费的调整，由此造成财政困难。为了解决这些问题，各国一般均在法律上明文规定采用弹性费率制，授权主管机构根据失业保险财务收支的实际状况来适当调整费率，以满足实际开支的需要。

（三）疾病保险

1. 疾病保险的给付条件

关于这个问题，各国立法有不同的规定，归纳起来，主要有以下几点。

（1）被保险人必须患病、丧失工作能力，并停止工作，进行治疗。

（2）被保险人患病时已从事有收入的工作，并且因患病而不能从雇主方面获得正常工资或病假工资。

（3）有的国家规定，被保险人必须缴足最低保险费。作出这一规定的目的在于，在被保险人领取的保险金给付中，至少有一部分系自己所缴的保险费，由此减轻国库负担。

（4）有的国家规定了等待期，即在规定期间不给付疾病帮助。如果病期较长，规定期间未支付的给付也补发。做出这一规定的目的在于减少工作量，省去核实病情所花费的人力、物力、财力及时间，从而节约费用开支。

（5）有的国家规定了最低工作期限。还有少数国家规定，被保险人事先必须获得基金会会员的资格，才能享受疾病保险给付。

2. 疾病保险的现金给付

按照各国的通例，疾病保险的给付包括现金给付和医疗给付两种。现金又可分为疾病现金给付、残疾现金给付和死亡现金给付。

（1）现金给付。疾病现今给付包括给付标准和给付期限两方面内容，主要是针对发生疾病的被保险人给付现金。各国在给付的期限方面有不同的做法，到底多长才好，需根据本国的具体国情和财力来决定。1969 年国际劳工大会规定，给付不少于 52 周，并对有希望治愈者继续给付。目前许多国家将给付期限定为 39 ~ 52 周；也有一些国家规定长达 2 ~ 3 年；有的国家甚至不规定给付期限。关于给付的标准，各国也不相同。国际劳工大会 1969 年规定为被保险人原有收入的 60%。有些国家则规定为 80%、90%，甚至 100%。

残疾现金给付和死亡现金给付是指对因疾病致残或死亡的被保险人给付现金。这两种给付情形与因伤害致残或死亡的给付大体一致。大多数国家规定，如果被保险人领取疾病现金给付已达到最高期限而疾病尚未痊愈时，现金给付可改为残废年金。

（2）医疗给付。医疗给付是指以医疗服务的形式给被保险人以实际保障。由于经济发展水平和医疗水平的不同，各国所能提供的医疗服务种类和水平也有很大的差异。一般来说，医疗服务至少应包括各科的治疗、住院治疗及供应必要的辅助器具。

关于医疗服务的期限、医疗给付的范围，各国规定也不同。

（四）工伤保险

工伤保险对于在现代化生产条件下的劳动者具有特别重要的意义和作用。高新技术在生产中的应用，对人类社会的发展和社会经济的繁荣起到了巨大的作用；但与此同时，各类工业伤害和职业病也相继大量发生。因此，建立工伤保险给予伤残者以经济补偿和提供生活保障是很有必要的。

社会保险旨在保障职工的基本生活，因此工伤补偿的范围通常需要有严格的界定。对直接影响职工本人及其家属生活，直接影响实际劳动力再生产所需的费用——工资收入，工伤补偿保险将给予适当补偿；而对于职工的其他收入，如兼职收入则不予补偿。

职业上的疾病依其发生状态和性质，可以分为两类：一类为因灾害发生引起的疾病。如由于企业发生火灾，职工被烧伤，这属于一种灾害性疾病；另一类为工作上处理或接触特殊物质，或在特殊工作环境中长期作业而引起的慢性中毒等疾病。此类非因灾害所引起的疾病为职业病。为了便于对职业病的认定，各个实施伤残社会保险的国家通常都规定有职业病的种类及适用范围，我国也有自己的规定。

1. 工伤保险的基本原则

从工伤保险的发展过程来看，它是基于各国劳工法而建立起来的一种社会保险制度。在发展的初期，工伤保险主要遵循过失责任赔偿原则，赔偿以雇主是否有过失为条件。但雇主很容易运用“同事责任原则”“风险已知原则”“雇员疏忽原则”来保护自己。目前，虽然各国的工伤保险在具体内容上有所差异，但基本原则是大致相同的。具体来说，通常遵循以下原则。

（1）采取无过失或绝对责任制。所谓无过失或绝对责任制，是指在各种损害事故中只要不是受害人自己故意行为所致，受害者就应得到伤害赔偿。它与一般的民事损害赔偿原则是有所区别的。为了使职工在工作中得到更充分的安全保障,更充分地维护劳动者的权益,许多国家的劳工法均规定对工伤事故按照无过失或绝对责任制原则来处理。也就是说,工伤损失由雇主承担,并不以企业或雇主是否有过失为要件,而是以社会政策和劳动政策为基础。

（2）立法强制。由于工伤事故的数量惊人,受害者众多,由此带来的后果常常是职工的伤残或死亡,导致其本人以及受其供养的家庭成员陷入生活困境。这一问题仅靠企业或雇主的力量显然是无法解决的,因为单个企业要受到其经济承受能力及破产、停业的影响。只有依靠国家指定完备的工伤社会保险法规和政策,并强制建立社会化的工伤社会保险基金,才有可能真正保障劳动者的权益。因此,在实行工伤保险的国家,都有专门的保险立法。政府则需要运用强有力的行政手段来确保立法的贯彻执行。

（3）严格区分工伤和非工伤。一般来说,劳动者的伤亡可以分为因工和非因工两类。前者是指由于执行公务、为社会或所在单位工作而受到的职业伤害所致,后者则与职业无关。因此,对工伤事件实行社会保险制度,而对非工伤事件则只能采取社会救济的办法。

2. 工伤保险的基本内容

工伤保险主要包括性质区分、伤害程度鉴定和现金给付标准等内容。

（1）性质区分。社会保险机构首先应区分事故是否属于工伤,即辨别事故性质。工伤社会保险对应工伤事故,享受的是社会赔偿保险的待遇;非工伤事故只能按照非工伤处理,受到社会救济的待遇。二者有其明确规定,不容混淆。

（2）伤害程度鉴定。工伤事故发生后,需要由专门的机构来进行伤害程度鉴定。一般而言,有“暂时丧失劳动能力”“永久丧失劳动能力”“部分丧失劳动能力”“全部丧失劳动能力”等几种情况。事实上,各国关于伤害程度鉴定的标准是不统一的,这也是工伤保险中技术性强、要求十分严格的一环。

（3）现金给付标准。第一,暂时伤残给付,即劳动者因受伤而损失的工资收入,由保险人给予相当的补偿,以维持其基本生活。它需要考虑给付标准、给付期限和给付等待期等问题。

关于给付标准:一方面要考虑劳动者的生活水平,另一方面还要考虑各关系方的负担能力。1964 年国际劳工大会规定为原有工资的

60%。

关于给付期限：大多数国家规定为26周，最长的也有超过52周的。同时，许多国家还规定，医疗期满还需继续治疗的，可以延期。还有一些国家没有治疗期限限制，可以直至伤愈为止。

第二，伤残年金。永久性伤残又分为永久性局部伤残和永久性全部伤残两种。前者指永久性丧失部分工作能力；后者则指永久性丧失全部工作能力。永久性全部伤残的给付一般采用年金制，其金额一般为本人过去收入的66% ~ 75%。国际公约规定为原工资的60%。永久性局部伤残的给付一般以伤残部分的轻重为依据，许多国家都根据法律制定了局部伤残与给付的对照表。

第四章　新时期的保险经营管理

随着保险市场的快速发展,伴随它的是其经营风险环境的变化以及经营风险复杂化。因此,促进保险行业的健康发展,保障保险公司的经营管理的秩序化、科学化、规范化就显得尤为重要。监管机构和各大保险公司纷纷将关注点转移到了这里。在经济全球化和金融混业经营的大环境下,保险公司更应该与时俱进,创新经营理念,有序管理,加大技术融入,对风险防范系统化,在激烈的环境中稳步发展。

第一节　保险经营概况

一、保险经营性质与特征

(一)保险经营的性质

关于保险经营的性质,一般认为:保险经营是一种商品经营。这是一种严肃而科学的定论。

1. 与一般商品的类比

保险产生、发展的条件及其发展趋势与一般商品有着密切的联系和共同之处。

从保险产生的条件看,保险产生取决于一定的生产发展水平。从保险发展的条件来分析,保险的发展取决于商品经济的生产发展程度。从最初形式简单、范围有限,到形式不断完善、范围扩大,再到最后渗透到社会经济各个方面。从保险的历史趋势分析,保险不是自古以来就有的,现代保险是生产力有了一定发展的产物,保险也不会永存下去,当生产力发展到更高层次时,保险的存在条件也会随之慢慢变化消失,那么以保险作为经济补偿的这种形式也会随之变化或消亡，代替它的将会是一种更高级的补偿方法。[①]

2. 保险劳务商品说

通过对保险商品本质的进一步分析，发现保险当事人双方的关系同一般商品的本质关系是一致的。就保险来说，不论在什么社会，都是人们从事社会劳动的一个方面；保险人提供的劳务反映了等量劳动相交换的关系，即被保险人缴纳一定量的保费，保险人承担与一定量保险费相等的风险责任。

从保险商品形式和内容看，保险是属于服务商品的一种。保险所提供的劳务与其他服务性劳动一样是商品，具有使用价值和价值；保险不为人们提供一个直观的外界对象的客体；保险不以某种物理属性直接满足人们生活和生产上的需要；保险人通过自己的劳动为社会再生产和人们生活提供保障服务的同时，支出了生产成本，消耗了体力与脑力。

（二）保险经营的特征

保险公司作为市场经济中的保险企业，具备市场经济的特征：自主经营、自负盈亏、自我约束、自我发展。保险公司的活动也是一种有偿的经济活动，保险人与被保险人的交换关系同样经历了劳动和价值的抽象过程。保险经营活动具有以下特征。

（1）保险经营活动是一种具有经济保障性质的特殊的劳务活动。

（2）保险经营资产具有负债性。

（3）保险企业的经营成本具有不确定性，利润计算具有特殊性。

（4）保险投资是现代保险企业稳健经营的基石，在保险经营中占有重要地位。

（5）保险经营具有分散性和广泛性。

二、保险经营思想和观念

保险经营思想和观念是保险企业在从事经营活动过程中，以解决各种经营中出现问题的指导思想和观念。

经营者的经营哲学倾向、经营战略、所要达到的目标和方向、决策的

① 林秀清主编．保险理论与实务[M]．北京：北京理工大学出版社，2010.

依据以及决定企业经营活动的基础,都受到其经营思想的制约。先进的、科学的经营思想可以保证企业实施策略,拓宽经营环境,顺利地实现经营目标;滞后的、错误的经营思想,则会使企业经营陷入被动局面,甚至步入困境。现代经营思想是把保险作为一种商品来经营的思想。

(1)利国利民的思想。以有利于社会主义市场经济体系的建立和完善、有利于社会主义现代化建设、有利于人民生活保障的根本目的为出发点,并以此作为保险经营活动的行动准则和衡量标准。要善于处理好企业利益与国家利益、企业效益与社会效益的关系。

(2)实事求是的思想。在每一时期,处理各种保险经营的问题时都要从国情、实际出发,并充分利用各种有利条件实现保险经营的目标。

(3)保险经营的市场观念。市场观念是以市场为导向安排经营活动。保险企业是相对独立的商品经营者,离开了保险市场,经营也就无从谈起;保险商品只有为市场和保户所接受,保险商品的价值才能实现。市场观念要求牢固树立为保户服务的思想,按照市场需求和保户需要来优化保险资源配置和安排组织保险经营活动。

(4)保险经营的效益观念。效益观念是以经济效益为中心。注重经济效益,就是要看投入与产出的比例关系。投入少,产出多,效益就好;投入多,产出少,效益就差。注重经济效益和社会效益,是保险经营的性质所决定的,也是保险经营的最基本目标。

(5)保险经营的竞争观念。竞争观念是指在竞争中求生存、求发展。竞争是企业之间的实力较量,是企业之间在人才、技术、商品质量、价格、经营管理等方面的比较和竞赛。要善于发现、选拔和合理使用人才;要抓住良机,努力开发新险种,扩大保险服务范围,提高服务质量,增强自身经济实力和竞争能力,一味地降低费率的恶性竞争,是违背市场经济规律的。认清本企业所面临的竞争形势,敢于竞争,善于竞争。

(6)保险经营的法制观念。法制观念是指要遵守法律、法规,行为规范化。要具有强烈的法律意识,自觉遵守国家的法律、法规;要在法制的轨道上健康有序地从事经营活动,做到行为规范化。保险经营通过合同的方式来建立保险人与投保人、被保险人的保险关系,这种经营本身就带有极强的法律特征。

(7)保险经营的信息观念。信息观念是指要重视信息,对各种信息进行收集、整理、存储、分析、利用。信息是企业的重要资源,是企业开展经营活动的基本依据。如果没有必要的经济技术信息,就无法做出正确的决策，无法在竞争中取胜。要及时并准确地获取大量的信息，为加强经营决策的科学化、高效化奠定坚实的基础。设立信息机构，组织力量认真地收集、整理和分析与保险经营有关的各种信息，为企业经营提供可靠依据。

三、保险经营目标

保险经营目标是保险企业在现有的经营条件的基础上，经过努力所要达到的经营目的和标准。

确定保险经营目标，有利于保险企业经营决策；有利于调动各方面的积极性；有利于妥善处理公共关系，内求团结、外求发展。良好公共关系的基础，在于优质的保险商品和保险服务。

社会主义保险企业的总目标：通过保险服务，保障社会主义再生产持续进行和劳动人民经济生活的安定，满足人民日益增长的物质和文化生活的需要。

保险经营目标从保险企业发展的角度划分，可划分为长远、中期和近期目标；另外从利益的角度可划分为社会贡献目标、企业利益目标和个人利益目标。社会贡献目标表明企业经营的社会责任；企业利益目标体现保险企业发展的内在动力；个人利益目标是保险企业经营的动力源泉。

制定经营目标的原则主要有以下几个方面：第一，抓主要矛盾原则，这是制定经营目标的出发点；第二，可行性原则，这是制定经营目标的静态条件；第三，调节性原则，这是制定经营目标的动态条件；第四，可考核性原则，这是制定经营目标的制度条件。

四、保险经营的原则

保险经营是一种商品经营，它的一般原则就是商品经营的一般原则。保险经营的原则是保险企业从事保险经营活动的行为准则，是保险经营思想的具体体现。源于保险企业经营的实践，决定于保险经营的性质，服务于保险经营目标的实现，是经营策略顺利实施的可靠保证，是适应、协调和改善保险经营环境的客观要求。

1. 经济核算原则

经济核算是商品生产经营的基本原则，是指利用价值、货币形式，对生产经营过程中的劳动耗费和劳动成果进行记载、计算和分析，保证以收抵支，并获得利润。它是由节约劳动时间规律和企业具有相对独立的经济利益所决定的，是按劳分配原则的要求。

经济核算原则的内容包括保险成本核算、保险资金核算和保险利润核算。

保险成本核算分物化劳动部分和活劳动部分。物化劳动部分主要有：保险设备耗费金额、补偿经济损失或给付金额、各种准备金、各种利息和费用等；活劳动部分主要是保险企业职工的工资总额。准备金是一种“未来成本”因素，具有特殊性。

保险利润核算同其他生产经营企业的利润核算有着较大的差别。不能简单地把当年的保险费收入减去当年的赔款和费用就算利润，在进行保险利润核算时，要特别注意未了责任。保险公司核算的关键不在于资产而在于负债，形式主要有企业核算和险种核算两种。

2. 随行就市原则

根据市场行情及时调整保险商品的结构和价格以适应市场的需求。不仅仅是被动地适应市场行情的变化，还要有强烈的市场观念，对影响保险市场行情的各种因素要全面、细致、深入地进行分析。根据所掌握的信息正确预测和判断其发展变化的趋势和规律，提高适应市场变化的能力，不断地把消费者的潜在需求转化为现实的保险商品。

3. 薄利多销原则

以略高于商品成本的较低的价格打开商品销路，依靠较大的销售量来保证盈利，是针对消费者的选价心理对购买行为的影响而采取的一种促销手段，是商品经营者迅速占领市场，提高市场竞争能力的有力武器。

4. 风险大量原则

在可保风险的范围内，保险人根据自己的承保力量，尽可能承保大量的风险和标的。保险人建立保险赔偿基金是以大数法则作为数理基础的；只有承保大量的风险和标的才能增加保险经营的收入；承保面越大，参加保险的人数越多，业务量越大，就越能节省非营业性开支。

5. 风险选择原则

对投保要求不是来者不拒，而是有所选择，分为事先选择和事后选择。

事先选择是在承保前考虑决定是否承保，包括对人和物的选择。对人的选择是对投保人或被保险人的评价和选择；对物的选择是对保险标的物的评价和选择。

事后选择是在承保后若发现保险标的有较大的风险存在，而对已签订的保险合同做出淘汰性选择。保险合同的淘汰通常有两种方式：一是等待保险合同期满后不再接受续保；二是中途终止承保，即保险人若发现有明显误报或欺诈行为，保险人可中途终止承保。

6. 风险分散原则

某一风险责任由众多的人共同分担，包括承保前分散、承保当时分散以及承保后分散。承保前分散形式有控制高额保险、规定一定的免赔额、规定按实际损失赔偿、实行比例承保等；共同保险就是承保当时分散的一种；承保后分散的典型例子就是再保险。

五、保险经营环境

保险经营环境是与保险企业经营有关的内部因素和外部因素的总称，是贯彻保险经营思想、制定经营策略和实现经营目标的前提条件。

保险经营中，要考虑很多方面的环境因素，例如政治、社会、经济、自然、科技等方面，它们之间有着密切的联系，同时也互相影响、彼此制约。较复杂的是这些环境因素不是一成不变，它们又是在不断发展变化的，呈现出关联性和多变性的特点。

1. 保险企业经营的内部环境

保险企业内部的经营环境，对企业来说是一个可控制要素，主要包括劳动者、经营技术、资金、信息等。

2. 保险企业经营的外部环境

保险企业经营的外部环境是企业的不可控要素，包括自然环境、经营发展水平、人们的风险和保险意识、社会诸因素、保险市场竞争状况以及国家的政策和法令，可以说是整个社会和自然界。

3. 保险企业经营的内部环境和外部环境的关系

保险企业经营的内部环境和外部环境是辩证的统一体；内部环境是可以控制和改造的，是企业经营的基础和发展的源泉，外部环境则是不可控因素，是企业经营与发展的制约因素；两者在一定条件下是可以互相转化的。企业内部环境的改善可改变外部市场竞争实力对比，影响国家政策的制定和执行；企业外部环境可能直接渗透到企业内部环境之中，成为企业内部环境因素。

第二节　新时期保险公司经营的业务管理

一、保险展业

保险展业又称推销保单，简单地说就是宣传保险、拓展保险业务的行为。展业是保险经营活动的起点。

（一）保险展业的途径

保险展业有直接展业和间接展业两个途径。

1. 直接展业

直接展业是保险公司通过自己的业务人员和营业机构直接去招揽保险业务。如保险公司派出业务人员深入单位、家庭，上门销售保险商品，或在保险机构内部设立营业部，直接办理各种保险业务。由于保险业务人员有较高的业务素质，掌握保险的基本原理和知识，熟悉保险业务，有利于争取到更多更好的业务。但是，直接展业对于保险公司来说，必须配备大量的展业人员，增设机构和管理人员，无论业务多寡，常年需维持一支庞大的展业队伍的开支。所以，保险公司如果单纯通过其业务人员直接展业，会大大提高其经营成本。为了节省开支，降低成本，保险公司在直接展业的同时，还大量采用间接展业方式开展业务。

2. 间接展业

间接展业是利用保险中介人展业，包括保险代理人展业和保险经纪人展业。

（1）保险代理人展业。保险公司委托其代理人代为争取、招揽保险业务，并按照招揽业务所收保险费的一定比例向保险代理人支付佣金的展业方式。

（2）保险经纪人展业。保险经纪人在为投保人和保险人订立保险合同提供中介服务的同时，为保险公司招揽保险业务的展业方式。保险公司按照保险经纪人所招揽业务的保险费的一定比例向其支付佣金。

（二）保险展业的内容

1. 宣传保险

保险展业首先要进行大规模的保险宣传，宣传保险公司、保险产品等。在宣传中扩大保险的影响，树立公司的良好形象，突出公司的险种优势，使公众在了解保险、认识保险的基础上进而接受保险、参加保险。

2. 了解市场信息

保险展业人员必须了解保险市场信息、包括经济发展情况、科技进步情况、各行各业风险情况、潜在的保险需求情况、保险险种的销售情况以及保险供给情况等。在了解市场信息的过程中，培育和创造保险需求，对潜在市场进行分析，即对潜在客户（或准客户）的数量、其对保险的需求量、潜在的购买力和购买动机做出科学的分析。同时，还应了解和掌握保险需求的变化情况，本公司在整个保险市场上的地位及占有率，竞争对手的展业策略、动态等，以便于制定自己的发展策略。

3. 搜集反馈信息

在展业过程中，展业人员还应认真听取客户对公司的批评和建议，特别是公司在经营过程中出现的服务不周、理赔有误及保险需求扩大、保险需求变化和服务要求等，要及时搜集反馈，并尽可能地满足他们的合理要求，采纳他们的合理建议。

4. 推销保险产品

保险展业的目的是要让人们购买保险产品，展业人员应以潜在客户为主要展业对象，帮助他们了解自身面临的风险，激发其保险需求欲望，引导其选择合适的保险险种。对老客户，还应向他们介绍公司推出的新险种，动员他们更全面、合理地安排购买保险。

（三）保险展业技巧

1. 寻找潜在客户的技巧

潜在客户就是指需要保险并有能力购买保险的人。寻找潜在客户时，应有的放矢地选择那些有资格买保险的人、健康的人、需要保险的人、有能力支付保险费的人、便于拜访的人，以及效益好的团体。不妨从身边做起，如利用亲属网络、朋友网络、邻居、同事、同学与师长，来寻找保险客户。然后是亲属的亲戚，朋友的朋友，同学的同学……

2. 接近客户的技巧

保险的推销是推销人与客户在面对面的交往中进行的，接近客户是进行面谈的前奏。通常有三种方式：一是陌生拜访，即直接找到对方，向其推销保险；二是电话约访，即通过电话与对方约定面谈的有关事宜；三是缘故拜访，即寻找一些理由去拜访对方，这种方法主要在向亲友或认识的人推销保险时运用。

3. 了解客户信息的技巧

保险展业人员需要了解客户的信息，以便于帮其评估风险拟订投保计划。获取信息的方法有直接向对方提问、与对方交谈、讨论有关问题、倾听对方发表意见等。

4. 拟订保险方案的技巧

为潜在客户拟订一个最佳的保险方案是必要的。设计方案时应考虑需要与可能，针对客户的实际情况，使其既获得最大的保障，又能节省保险费；同时还要既面面俱到，又有轻重缓急，使客户明确现在有能力买哪些保险，未来需要买哪些保险等。

5. 成交的技巧

当客户频频询问保险产品性能、用法时，当客户开始谈到价钱（即保险费）时，当问到售后服务时，便是可以尝试成交的时机了。这时便要调动客户的主动情绪，适时引导，要始终把客户诱导到决定购买的方向上去。同时做好签单准备，比如填好客户的姓名、感兴趣的险种等。一经客户同意，快速签单。

6. 售后服务的技巧

保险产品推销过程的完成并不意味着整个销售过程的结束，完善、周到的售后服务可大大减少保单的中途退保和失效。如可以通过定期服务、不定期联系和及时帮助等方式加深与客户的联系和友谊。

二、保险承保

保险的承保，是指保险人与投保人订立保险合同的过程。这个过程主要表现为承保选择、承保控制、确定费率和签订合同四个环节。

（一）承保选择

从展业的角度看，对保险人而言，当然是投保人越多越好。但是，保险人并不是来者不拒，而是要对投保人及其投保的标的进行了解和审查，然后决定保与不保，以及以什么样的条件承保。也就是说，保险人为了提高业务质量，提高其财务稳定性，提高其经济效益，要对其承保的业务进行核保，即进行承保选择。承保选择包括对投保人的选择和对投保标的的选择。

1. 对投保人的选择

对投保人的选择首先要审查投保人的投保资格问题，看其是否具有完全行为能力，对投保标的是否具有可保利益，是否具有缴纳保险费的能力等；其次要了解投保人的资信情况、道德品质情况、风险管理意识及以往的投保和索赔情况等，以便于做出承保与否的决定。如承保火灾保险时，保险人要考察投保企业的风险管理状况是否混乱，防灾措施是否落实等。

2. 对投保标的的选择

投保标的是保险人将要承担风险责任的对象，其自身状态性质与标的风险大小有直接关系。因此，保险人对投保标的应进行合理选择。财产保险要考察财产所处的环境、占用性质、品质属性、风险状况等。人身保险则要考察被保险人的年龄、性别、职业和身体情况、习惯嗜好、本人病史及家族病史等。

（二）承保控制

单位或个人参加保险之后，往往认为发生的一切损失保险公司都会负责，因而容易产生松懈心理，或为了图赔而人为制造事故。这就是说，随着保险关系的建立，可能诱发两种新的风险即心理风险和道德风险。心理风险是投保人或被保险人在参加保险后心理产生松懈，对所面临的各种风险不再像以前一样小心谨慎地防范。道德风险是被保险人或受益人故意制造事故，图谋赔款。

心理风险和道德风险的发生，都会降低保险人的业务质量、增加保险人的经营风险，不利于保险人的经营。其中，心理风险不触及法律，更容易发生；道德风险在法律上是犯罪行为，因而是承保控制的重点。随着保险市场竞争的日益激烈，保险人对大多数投保积极接受，对一些风险性较大的业务，可采取下列措施进行承保控制。

1. 实行免赔额的规定

在合同中规定一定的免赔额，在保险人做出赔付之前，由被保险人自己承担一部分损失。这样可以使被保险人主动关心风险，与保险人一起共同控制风险事故的发生。如汽车保险、货物运输保险、医疗保险中都有免赔额的规定。

2. 进行保险业务的搭配

保险人在承保投保人风险性较大标的的同时，必须承保其风险性较小的标的，从而使保险人承保业务的平均风险水平趋于稳定，以达到稳定经营的目的。

3. 限制保险金额

（1）避免超额保险。保险金额是保险人赔偿或给付的最高限额，保险金额的确定依据是标的的价值及投保人对标的的保险利益任何背离这两个依据的超额保险，都会引发道德危险。对于人身保险，则应注意保险金额的大小要与投保人的收入水平相一致。

（2）实行不足额保险。即保险金额小于标的的实际价值，促使被保险人采取措施防范风险的发生。

4. 调整费率

保险人在承保时，适当提高风险较大的标的的费率标准，使之与保险人承担的风险责任相适应,以保证保险人经营的稳定。

5. 采取某些优惠措施

对那些防灾防损工作做得好、未发生任何索赔的保户,在续保时给予某些优惠,如汽车保险中的无赔款优待的规定等。

6. 与他人共同保险或分保

当某笔保险业务超过保险人自身的财务能力时,保险人可以采取共同保险的方法来承保,即由几个保险人每人承保一个金额,共同来承担保险责任,发生事故造成损失时,各保险人可以按照各公司所承保的保险金额与保险金额总和的比例来承担各自的赔偿责任。或者,保险人也可以先行将业务全部承保,之后根据公司自身情况,将超过自身承保能力的部分,分给其他保险人,以分散风险,减少自身承担的风险。

(三)确定费率

当保险人决定要承保时,应确定以什么样的价格承保。财产保险应根据保险标的的价值大小、危险程度的高低及保险期限的长短来制定保险费率。人身保险应以预定死亡率、预定利率、预定费用率为基础来确定费率。

(四)签订保险合同

保险人在做出承保某种风险的决策后,即可与投保人签订保险合同。随着保险合同的签订,保险当事人之间确立了保险关系,保险人的承保即告结束。

三、保险防灾

(一)保险防灾的意义

保险防灾是保险防灾防损的简称,是指保险双方采取措施,以防止灾害事故的发生和减少灾害损失的行为。保险防灾是保险经营过程中的一个重要环节。做好防灾防损工作,对于维护人民生命和财产安全,减少社会财富的损失,维护社会秩序的稳定提高保险企业的经济效益和社会效益,强化社会风险管理意识等,具有非常重要的意义。

（二）保险防灾与防损

1. 进行防灾宣传和咨询

针对目前人们的风险防范意识比较薄弱的实际情况，保险公司应积极开展宣传工作，向投保人和被保险人宣传防灾防损的重要性，普及防灾防损知识，并负责解答有关问题。宣传的内容包括防灾条例和有关法律规定及防灾的基本知识。

2. 进行防灾工作检查，提出整改建议

保险公司要对投保单位的防灾工作进行定期或不定期的检查，以督促投保单位做好防灾工作。通过检查及时发现问题，对于发现的不安定因素和事故隐患，保险公司要提出切实可行的整改建议，并提供防灾技术服务，在技术上予以指导和帮助。

3. 拨付防灾防损补助费

为加强防灾力量，提高防灾能力，保险公司每年可以从保险费收入中，提取一定数额作为防灾基金，赠予有关部门作为开展防灾的经费补助或增添防灾设备，以加强防灾力量。

4. 参与抢险救灾

在发生保险事故时，保险公司应积极参与抢险救灾工作，配合有关部门及投保方对保险标的实施有效的抢救措施，防止灾害事故的蔓延，减少灾害事故的损失，保护人身和财产的安全。

5. 采取优惠措施促进防灾防损

保险公司在保险条款的设计和保险费率的厘订上要体现防灾防损精神，即对防灾工作做得好的投保人或被保险人，应给予奖励，如给予一定的费率优惠；对于防灾工作未达到保险合同要求的应有对应措施，如提高费率等。

四、保险理赔

（一）保险理赔的含义和意义

保险理赔即处理理赔案，是指保险人在保险标的发生保险事故后，对被保险人或受益人提出的索赔要求进行处理的行为。保险理赔是保险经营的重要环节，主要包括财产保险损失赔偿和人身保险保险金给付两部分。

保险理赔可以直接体现保险的补偿性或给付性功能，也是保险人履行保险责任的义务以及被保险人或受益人享受保险权利的具体表现。高效的保险理赔，能及时使被保险人或受益人得到补偿或给付，从而保证生产经营过程的顺利进行和人民生活的安定。同时也有利于提高保险公司的声誉，扩大保险公司的影响，促进保险事业的发展。因此，做好保险理赔工作，对保险公司的经营和保险事业的发展具有非常重要的意义。[①]

（二）保险理赔的原则

1. 重合同守信用

保险人和被保险人的权利和义务都是通过保险合同加以明确的，双方均应恪守合同约定，严格履行合同规定的各项义务。对保险人而言，理赔实际上是其履行合同中规定的赔偿或给付义务的过程。因此，保险人在处理理赔案时，要重合同守信用，即应按照合同中所订的各项条款来处理，既不能任意扩大保险责任范围，也不能惜赔。

2. 实事求是

保险合同对保险人的赔偿责任做了原则规定，但是，实际发生的索赔案千差万别，原因错综复杂。许多情况下，仅依据合同条款很难明确判断是否属于保险责任，加上保险双方对合同条款理解不同，在赔与不赔、赔多赔少问题上会产生纠纷。因此，对于一些原因复杂的索赔案，保险人除了按合同条款规定处理外，还必须结合具体案情，实事求是，合情合理地灵活处理。在实际业务中出现的融通赔付，就是实事求是原则的具体体现。融通赔付是指按照保险合同规定，本不应由保险人赔付的部分，由于其他因素的影响，保险人给予全额或部分赔偿或给付的行为。

① 张建军主编．保险理论与实务[M]．西安：西安电子科学技术大学出版社，2020.

3. 主动、迅速、准确、合理

"主动、迅速、准确、合理"是在我国保险理赔工作中总结出来的理赔"八字"方针。"主动、迅速",是要求保险公司在处理理赔案时,要积极、主动,对出险报案,反应要快,要及时赶赴现场查勘,对属于保险责任的,迅速给予确认。"准确、合理"是要求保险公司要明确责任,合理定损,合理赔付。

为了深入贯彻"主动、迅速、准确、合理"原则,我国保险法第 23 条和第 25 条规定:"保险人收到被保险人或者受益人的赔偿或给付保险金的请求后,应当及时作出核定;对属于保险责任的,在与被保险人或者受益人达成有关赔偿或者给付保险金额的协议后十日内,履行赔偿或者给付保险金义务。""保险人自收到赔偿或者给付保险金的请求和有关证明、资料之日起六十日内,对其赔偿或者给付保险金的数额不能确定的,应当根据已有证明和资料可以确定的数额先予支付;保险人最终确定赔偿或者给付保险金的数额后,应当支付相应的差额。"

(三)保险理赔的程序

1. 出险通知

保险标的发生事故后,投保方(投保人、被保险人或受益人)应及时通知保险人。出险报案是投保方的义务,如不及时通知,保险公司有权拒赔。通知一般采取书面通知的形式。通知的时间有两种情况:一是合同中规定出险后投保方通知的时间限制,即投保方必须在规定的时间内通知保险人;二是合同中没有时间限制,而是由法律规定索赔权的消灭时效,如投保方在规定的时间内未通知保险人,可视为自动放弃索赔权利。

我国保险法第 26 条规定:"人寿保险以外的其他保险的被保险人或者受益人,对保险人请求赔偿或者给付保险金的权利,自其知道保险事故发生之日起二年不行使而消灭。人寿保险的被保险人或者受益人对保险人请求给付保险金的权利,自其知道保险事故发生之日起五年不行使而消灭。"

2. 审核

保险人在接到出险通知后,要进行审核,为现场查勘做好准备工作。

审核的内容包括：审核保险单的有效性，即是否签发过保险单、保险单是否具有法律效力、事故是否发生在保险期限内等；审核财产保险的被保险人对保险标的是否具有保险利益；审核有关单证的有效性和真实性，即对方提出的查勘报告、事故责任证明、损失证明、商业单据等是否真实、有效。

3. 现场查勘

对上述内容审核通过后，保险人要到事故现场进行实际调查，以了解并核实与理赔相关的情况。现场查勘的任务是：调查出险情况及出险原因，即了解出险的时间和地点与保险合同的规定是否一致，引起事故的近因是不是保险责任；核实财产损失情况，即由被保险人提供详细的财产损失清单和损失金额及施救费用清单，保险公司理赔人员对财产损失情况进行核对。

4. 计算赔款、赔付结案

在明确了赔付责任、赔付范围后，理赔人员要计算应赔付的保险标的的赔款金额。计算时应根据各险种的不同特点，采用不同的计算方法。计算后，如果双方没有异议，则按照理赔人员计算的数额进行赔付。如果双方发生争议，可以通过协商、调解、仲裁和法院起诉等方法来解决。

保险公司支付赔款后，还应注意对第三者的追偿权的实现、委付及标的所有权的代位、减少合同保额或终止手续的办理。上述事宜完成后，即可结案。

第三节　新时期保险营销管理策略

一、保险经营策略的含义与特征

保险经营策略是为实现保险经营目标所采取的行动方案和对策，通常表示一种总的方案。一个理想的经营目标，如果没看科学的实施步骤和方法，是不可能实现的。保险经营策略是在企业内外环境的动态发展中形成，不是单靠定量和数学模式可以直接运算出来的。

保险经营策略是一种经营艺术，是一种适应体系，是一种协调方式，还是一种竞争手段。

1. 保险经营策略是一种经营艺术

保险经营策略是“虚”与“实”的高度统一。“虚”即科学构想和深谋远虑的意境;“实”即实际安排与行动。

保险经营策略是“法”与“变”的有机结合。“法”是既定模式与法则;“变”为革新创造。“法”是“变”的基础,不能恪守前人之“法”而没有革新。

2. 保险经营策略是一种适应体系

保险经营策略是为了适应保险经营环境的变化而制定的一系列应变行动方案和对策。内外环境纷繁复杂,变化频繁且难以预测和控制,因此应变方案的制订就更复杂化,要应对经营环境的多变性,指定出一个或多个对策,要根据形势的变化而变化,及时调整以适应经营活动的多变性和复杂性。①

3. 保险经营策略是一种协调方式

保险经营策略是协调企业内外关系、解决各种矛盾冲突的协调方式。保险经营活动是一个矛盾运动的过程,既有企业内部矛盾,又有企业同外部各环境要素之间的矛盾。如果处理不当,都将成为企业发展的障碍,需要采取行之有效的方法来协调各种矛盾,以减少企业内耗和企业与外部环境的摩擦。

4. 保险经营策略是一种竞争手段

竞争是商品经济的客观规律之一,竞争不仅是商品质量、服务质量、技术水平、人力、物力和财力的竞争,更重要的是智慧的较量。在双方势均力敌的情况下,智高一筹便可胜券在握;在极其困难的条件下,灵活地利用对策,能以智取胜、以弱胜强。企业在市场竞争中要取得好的成果,保险经营的策略至关重要。

二、保险经营策略的内容

保险经营策略与一般商品销售的策略类似,主要有市场开发策略、促销策略和赢利策略三大类。

---

① 林秀清主编.保险理论与实务[M].北京:北京理工大学出版社,2010.

（一）市场开发策略

市场开发策略既包括原有市场的扩张，也包括新市场的开拓。

1. 市场浸透策略

市场浸透策略是指扩大现有商品在现有市场的销售量。当市场上已有保险产品存在潜在需求时，市场渗透策略就是发挥作用的最佳时机。方法举例：挖掘市场内部需求的潜力、适当降低保险费率、提升保险服务品质、加大保险宣传强度和范围等。

市场浸透策略使用的预期效果能够使已有保险商品的竞争能力得以提高；能够使已有保险商品的市场影响范围加大；能够使已有保险商品在原市场的占有率得以扩大。

2. 市场开拓策略

为现有保险商品寻求新市场。在对现有保险商品持满意态度，不准备更大地改进时采用。通过改变打破市场区域范畴，如向偏远地区或向范围甚广的农村市场拓展，或者从面向单一的某地方变为面向全国，以此寻求开拓更广泛的保险市场。

3. 新产品开发策略

以新的保险商品取代老产品。当现有保险商品在现有市场出现饱和、滞销等销售现象时，或新市场的开发遇到瓶颈时采用。尽可能及时更新产品，在原有市场上实现继续占有和扩张的效果。

4. 混合策略

一方面对保险商品进行创新改造，实现保险商品的更新换代；另一方面加强新市场的开拓。这样双管齐下，全方位努力的策略能够达到提升市场宽度和深度的双重效果，可以大大提高自身的竞争力，当然它也有相应的弊端，那就是它是一种冒险性较高的策略。

（二）促销策略

促销就是向消费者介绍和宣传保险商品和服务，以促进和影响人们的购买行为和消费方式。包括广告、人员推销、销售促进、宣传和公共关系引导等。促销策略可以归纳为两大类。

1. 推式策略

以派员推销为主,把保险商品和服务推进到目标市场。工作重点放在商品流通渠道上。

优点:与顾客正面接触,弹性大,有较强的针对性;在大多数情况下可以促成实际购买行为;能听取顾客意见,收集市场情报。

缺点:费用高,耗时多,对长渠道推销困难较大。

2. 拉式策略

采取广告宣传、营业推广或其他办法,引起保户需求,并使其主动产生购买保险行为的促销策略。包括营业推广、广告促销和公共关系引导等。

推式策略和拉式策略的方式和手段不同。推式策略是把保险商品推向购买者;拉式策略则是使购买者趋向保险商品,两者结合效果更好。

三、我国保险业集团化经营的新时代

为了适应金融综合经营的发展趋势,从2003年起我国的主要大型保险公司都开始股份制改造,集团化经营,以便发挥协同效应。以下主要介绍我国保险业公司集团化经营的四个代表公司:中国人寿保险(集团)公司、中国人民保险(集团)公司、中国再保险(集团)公司、中国平安保险(集团)公司。从这四个代表公司可以观察我国保险业集团化发展的趋势。

(一)中国人寿保险(集团)公司

2003年,经国务院同意、银保监会批准,原中国人寿保险公司重组改制为中国人寿保险(集团)公司,为适应金融综合经营的发展趋势,开启了集团化发展的征程,业务范围全面涵盖寿险、财产险、养老保险(企业年金)、资产管理、另类投资、海外业务、电子商务等多个领域,并通过资本运作参股了多家银行、证券公司等其他金融和非金融机构。

2003年中国人寿保险(集团)公司和寿险公司联合成立了中国人寿资产管理有限公司。2006年,中国人寿新一届领导研究制定了“主业特强、适度多元”的集团化发展战略。2006年底,财险公司和养老险公司相继成立。同时,对海外公司、中国人寿投资公司保险职业学院的改革工作也基本完成,一个集寿险、财险、企业年金、资产管理、实业投资、保险教育等业务于一体的我国最大的保险集团公司初具规模。

中国人寿保险(集团)公司已连续12年入选《财富》全球500强企业,排名由2003年的第290位跃升为2014年的第98位:连续7年入选世界品牌500强,位列第237位,是我国保险业唯一一家全球企业、全球品牌“双500强”企业;在“2011中国企业500强”中营业收入达到388791亿元人民币,列第6位。2019年,中国人寿保险(集团)公司保险收入5683.81亿元,市场份额占有率19.18%,排在我国保险业的第1位。

所属寿险股份公司继2003年12月在纽约、我国香港同步上市之后,又于2007年1月回归境内A股市场,成为内地资本市场“保险第一股”和全球第一家在纽约、我国香港和上海上市的保险公司,目前已成为全球市值最大的上市寿险公司。

中国人寿实施“资源配置合理、综合优势明显,主业特强适度多元,备受社会与业界尊重的内含价值高、核心竞争力强、可持续发展后劲足”的集团化战略,奋力打造“实力雄厚、管治先进、制度健全、内控严密、技术领先、队伍一流、服务优良、品牌杰出发展和谐”的国际顶级金融保险集团。

中国人寿由中国人寿保险(集团)公司以及该公司的子公司和直属机构共同组成,其中包括中国人寿保险股份有限公司、中国人寿资产管理有限公司、中国人寿财产保险股份有限公司、中国人寿养老保险股份有限公司、中国人寿保险(海外)股份有限公司、国寿投资控股有限公司、保险职业学院等。

(二)中国人民保险(集团)公司

2003年7月,经国务院同意、中国银保监会批准,中国人民保险重组改制更名为中国人民保险控股公司。2007年6月,为秉承中国人民保险的历史和品牌,公司恢复原来的名称为中国人民保险集团公司。2009年9月,中国人民保险成功改制为中国人民保险集团股份有限公司,实现了从传统国有企业向现代国有控股金融保险集团的重大转变。2012年12月7日,中国人民保险集团股份有限公司在香港联合交易所完成了H股上市,成为我国第一家整体上市的大型国有保险金融集团。

目前,中国人民保险集团旗下拥有中国人民财产保险股份有限公司、中国人民保险资产管理股份有限公司、中国人民健康保险股份有限公司、中国人民人寿保险股份有限公司、人保投资控股有限公司、人保资本投资管理有限公司、中国人民保险(香港)有限公司、中国人保香港资产管理有限公司、北京西长安街八十八号发展有限公司、中盛国际保险经纪有限公司、北京人保物业管理有限公司等10多家专业子公司,业务领域涵盖广泛全面,为社会公众和机构团体提供完善的保险金融服务。

中国人民保险集团旗下的中国人民财产保险股份有限公司2003年在香港联交所成功挂牌上市,成为我国大型国有金融企业香港上市"第一股",是亚洲第一大非寿险公众公司;旗下的中国人民健康保险股份有限公司是我国第一家专业健康保险公司,致力于为我国最广大人民群众提供优质高效的健康保障和健康管理服务;旗下的中国人民人寿保险股份有限公司自2005年成立以来,迅速成长为业务发展最快、成长性最好的寿险公司,创造了我国寿险业新的发展奇迹;旗下的中国人民保险资产管理股份有限公司是我国第一家保险资产管理公司,在业内率先引进海外战略投资者,首创委托、受托、托管三方运作模式,精心打造"我国领先、国际一流的综合性投资理财公司"。

2019年,中国人民保险(集团)公司保险业务收入5553亿元,同比增长11.4%,人保财产在财产保险市场占有率为33.2%,人保寿险在人身保险市场占有率为3.3%,人保健康在人身保险市场占有率为0.87%。

(三)中国再保险(集团)公司

中国再保险(集团)股份有限公司(原名中国再保险公司)(以下简称中再集团)是经国务院批准,在原中国再保险有限公司(1996年1月成立)的基础上组建的我国唯一一家国有独资专业再保险公司,于1999年3月18日正式成立,于2003年8月在原中国再保险公司基础上改制成立的国有独资保险集团公司。

通过中再集团的股份制改造和各家保险公司的参股,中再集团将被打造成我国再保险市场的旗舰企业。中再集团将成为我国各家保险公司真正的"再保险部",成为我国保险产业的风险集中和分散中心,以强力支持各保险公司的快速、稳健发展。

在企业构架上,中再集团采取了纯粹控股的集团控股模式。另外,集团公司实行国有独资而不是股份制。

2007 年 10 月 30 日，中再集团正式更名为中国再保险（集团）股份有限公司，公司以 361.49 亿元注册资本金位居全球再保险行业第 5 位，成为亚洲最大的再保险公司。中再集团的两大股东都是国家机构，财政部持有 14.5%，中央汇金公司持有 85.5%。

2019 年，中国再保险（集团）公司总保费收入 1449.76 亿元，同比增长 18.6%，市场地位持续稳固，位列全球第七大再保险公司，在境内财产保险市场及人身再保险市场的份额均保持领先。

（四）中国平安保险（集团）公司

2003 年 1 月 24 日，经国务院同意，中国银保监会批准，我国平安保险股份有限公司正式完成分业重组，更名为中国平安保险（集团）股份有限公司（以下简称中国平安）。中国平安控股设立中国平安人寿保险股份有限公司、中国平安财产保险股份有限公司、中国平安保险海外（控股）公司、平安信托投资有限责任公司，平安信托投资有限责任公司依法控股平安证券有限责任公司。至此，中国平安形成了以保险为主，融合证券、信托投资和海外业务为一体的金融保险集团架构。

2004 年 6 月，中国平安保险（集团）公司在香港成功上市，中国平安是我国保险业中第一家引入外资的企业，公司高层管理团队 1/3 来自海外，股东包括汇丰银行（2002 年）、美国摩根、高盛（1994 年）等著名国际金融机构。以保费收入计算，平安人寿为我国第一大寿险公司，平安产险为我国第三大产险公司。

2007 年 3 月 1 日，中国平安保险（集团）股份有限公司在上海证券交易所挂牌上市，证券简称为“中国平安”，A 股证券代码为“601318”，成为 A 股第二保险股，申购平安 IPO 所冻结的资金达到 1.1 万亿元人民币。其 A 股发行价为 33.8 元，最终发行规模为 11.5 亿股，募集资金 3887 亿元，成为 A 股市场发行价格最高的金融股。

2007 年 4 月，《福布斯》全球上市公司 2000 强出炉，平安保险（集团）公司进入 500 强，总排名第 440 位。同时，在全球 114 家上榜保险公司中，位居第 36 位；在我国 44 家上榜企业中排名第 11 位，并位居非国有企业第 1 名。

近年来，《福布斯》全球上市公司 2000 强出炉，中国平安凭借优异的经营业绩、强劲的利润增长再次进入 500 强，名列第 293 位。在 151

家上榜的中国企业中排名第 9 位，蝉联非国有企业第 1 名。2019 年，寿险保费收入 4939.13 亿元，市场份额占有率 16.67%，排名我国保险行业第 2 位。

第五章　优化保险创新，加大科技融入保险

风险，简而言之，就是未来事件的不确定性，它无论在心理上还是在经济上，都会给人们带来潜在的影响。如何认识并管理这种不确定性，使得人们能够生活得更加放心和舒心，是风险管理的服务宗旨。风险管理的基础是风险，对风险的充分认识是风险科学管理的前提，就科技保险而言，对科技风险的正确把握更具有重要意义。

第一节　科技支撑保险业创新

一、保险科技：科技照亮保险业发展新方向

在新技术革命浪潮推动下，全球经济格局不断重构。科技在各个行业中的应用极大地改变了既有的商业体系，并与各类创新模式碰撞出火花，点燃了新经济的火炬，照亮了市场的前路。

聚焦保险业，各类创新技术的渗透不仅实现了对传统保险运行方式的优化和提升，更催生了全新的保险业界和保险市场。

2013 年，我国首家互联网保险公司——众安保险的成立，标志着科技与保险融合进入了一个全新的阶段。而在此之后，随着移动互联网的发展，保险业更是在科技的驱动下，呈现出诸多崭新的变化。新保险萌芽初绽，未来保险步入大众视线。

各类创新技术作为基础设施，在改造了各个经济和社会体系的同时，客观上也推动了保险业的技术进步，促进了新保险的萌芽。在保险业应用较为广泛的新兴技术包括云计算、大数据、人工智能和区块链等方面。

(一)云计算

云计算(cloud computing)是一种能够通过网络以便捷的、按需付费的方式获取计算资源(包括网络、服务器、存储、应用和服务等)并快速提供的模式,这些资源来自一个共享的、可配置的资源池,并能在较少的管理投入或与服务商交互的情况下供应和释放。

云计算的出现,使得计算资源像供水和电力一样,向公共服务产品形态发展,因此,云计算成为信息时代重要的基础设施。借助云计算,散布在各类终端的信息整合工作更加便捷。同时,依托云计算强大的计算资源支持,对大量数据的收集、传输、存储、分析、检索、挖掘和应用成为可能,促进了大数据技术的发展,并在此基础上进一步推动了人工智能、区块链等一系列数据应用的开发和使用。

1. 云计算的发展简介

云计算概念是由时任谷歌公司首席执行官的埃里克·施密特(Eric Schmidt)在2006年召开的搜索引擎大会(2006)上首次提出的。至今云计算技术的发展已历经数十年。早在1959年,克里斯托弗·斯特雷奇(Christopher Strache)提出的"虚拟化"概念被认为是现今云计算其础架构的基石。伴随计算机和通信领域技术的进步,1998年,VMware公司诞生并首次引入X86虚拟技术。次年,Sales force和Loud Cloud先后成立,前者标志着SaaS(Software-as-a-Service,软件即服务)的兴起,后者则成为全球第一个商业化IaaS(Infrastructure-as-a-Service,基础设施即服务)平台。2005年,亚马逊发布Amazon Web Service(AWS)云计算平台,次年相继推出在线存储服务Simple Storage Service(S3)和服务器租赁和托管服务Elastic Compute Cloud(EC2),大受市场欢迎,奠定了如今亚马逊全球最大云服务商的地位。其间,微软、IBM、谷歌、甲骨文和SAP等一众巨头的入场,共同推动了云计算市场的发展和繁荣。①

在我国,成立于2009年脱胎于电子商务巨擘阿里巴巴强大服务支持平台的阿里云是目前我国云计算领域的龙头,其后各类互联网巨头、电信运营商、传统IT企业及云计算初创公司纷纷涌入,超过百家各类服

① 众安金融科技研究院著.新保险时代——金融科技重新定义保险新未来[M].北京:机械工业出版社,2018.

务商提供通用或细分领域应用的公共云计算服务。

当前，全球云计算市场仍处于发展初期，关键技术不断完善成熟，产品不断创新，服务能力持续升级，产业生态逐渐成形。未来，随着云计算技术的进一步发展，并与诸多新技术、新应用和新场景融合，势必将进一步推动全球经济结构调整和产业革新，创造更多价值。

2. 云计算的技术概览

对于云计算的定义有着诸多不同的说法。目前，得到广泛认可和支持的定义是由美国国家标准与技术研究院（The National Institute of Standards and Technology，NIST）在 2009 年提出的，云计算是一种能够通过网络以便捷的按需付费的方式获取计算资源（包括网络、服务器、存储、应用和服务等）并提高其可用性的模式，这些资源来自一个共享的、可配置的资源池，并能够以最省力和无人干预的方式获取和释放。这种模式有五个关键特征，还包括三种服务模式和四种部署方式。

五个关键特征分别是：

按需自助服务（On Demand Self-Service）。客户可以按需方便地获得计算资源，如服务时间、应用程序、数据存储等，无须与服务供应商进行人工交互。

泛在网络访问（Broad Network Access）。客户可以借助于各类不同客户端（如个人电脑、移动电话等）随时随地通过标准应用（如浏览器、相同的 API 等）获取服务。

动态池化资源（Resouree Pooling）。供应商的计算资源被整合为一个动态资源池，以共享资源池方式统一管理，通过租户模式服务所有客户，利用虚拟化技术，将资源分享给不同用户，资源的放置管理与分配策略对用户透明，不同的物理和虚拟资源可根据客户需求动态分配。

快速可伸缩性（Rapid Elasticity）。快速可伸缩性是指快速和弹性提供并释放资源的能力。从用户角度来看，可租用的资源是无限的，可在任何时间以任何可量化方式购用。

服务可计量性（Measured Service）。系统以针对不同服务需求（例如存储空间、处理能力、网络带宽、活动客户数甚至账户使用率等）来计量资源使用和定价，并以此为基础实现资源的管控能力提升和资源使用优化。资源的使用可被监测、控制，以及通过报表等形式实现对服务供应商和客户的透明化。

三种服务模式包括：

软件即服务（Software-as-a-Service，SaaS）。提供给客户的服务是服务供应商运行在云计算基础设施上的应用程序，用户可以在各种设备上通过客户端界面（如浏览器等）访问。消费者不需要管理或控制任何云计算基础设施，包括网络、服务器、操作系统、存储等。

平台即服务（Platform-as-a-Service，PaaS）。提供给客户的服务是把客户所采用的开发语言和工具（例如 Java，python，Net 等）所开发的或收购的应用程序部署到服务供应商的云计算基础设施上去。客户不需要管理或控制底层的云计算基础设施，包括网络、服务器、操作系统、存储等，但客户能控制部署的应用程序，也可能控制运行应用程序的托管环境配置等。

基础设施即服务（Infrastructure as-a-Service，IaaS）。提供给客户的服务是对所有计算基础设施的利用，包括处理 CPU、内存、存储、网络和其他基本的计算资源，用户能够部署和运行任意软件，包括操作系统和应用程序。消费者不管理或控制任何云计算基础设施，但能控制操作系统的选择、存储空间、部署的应用，也有可能获得有限制的网络组件（例如路由器、防火墙、角载均衡器等）的控制权限等。

四种部署方式主要是：

共有云（Public Cloud）。通常是指第三方提供商通过公共互联网提供的计算服务，面向希望使用或购买的任何人。共有云的优势是成本低、扩展性非常好。缺点是用户对于云端的资源缺乏控制，存在保密数据的安全性、网络性能和匹配性问题。

私有云（Private Cloud）。私有云一般指通过互联网或专用内部网络仅面向特选用户（而非一般公众）提供的计算服务，因此私有云也称作内部云或公司云。私有云所有者拥有完整的基础设施，并可以控制在此基础设施上部署应用的方式，因而能获得对数据安全性和服务质量的最有效控制。但私有云由所有者承担私有云的成本及管理责任，部署私有云需要具备与传统数据中心相同的人员配置、管理和维护费用等，投入和运营成本较高。

社区云（Community Cloud）。社区云是介于公有云、私有云之间的一种形式，指在一定地域范围内，基于区域内网络的互联优势和技术易于整合等特点，结合社区用户需求共性，由云计算服务提供商统一提供计算资源、网络资源、软件和服务能力而形成的云计算服务模式。社区云具有区域型和行业性、有限的特色应用、资源的高效共享以及社区内成员的高度参与性等特征。由于承担共同费用的用户数比公有云少，社区云通常比公有云贵，但隐私性、安全性及政策遵从度都比公有云高。

混合云(Hybrid Cloud)。混合云融合了公有云和私有云，二者相互独立，但在混合云的内部又相互结合，可以发挥出所混合的多种云计算模型各自的优势，是近年来云计算的主要模式和发展方向。私有云主要面向企业用户，出于安全考虑，企业更愿意将数据存放在私有云中，但同时又希望获得公有云的计算资源，在这种情况下混合云被越来越多地采用，它将公有云和私有云进行混合和分配以获得最佳的效果，这种个性化的解决方案，达到了既省钱又安全的目的。

3. 云计算的行业应用

经过十多年的商业化发展，目前云计算已深入应用到包括通信、医疗教育、政务、交通、金融、电商等诸多行业和领域，有效解决了传统 IT 技术方案面临的投入成本高、运维工作量大、资源配置不灵活以及数据安全无法保障等问题。

在保险业，除了帮助保险公司解决 IT 技术投入问题，云计算还带来了更多变化，借助云计算技术，保险公司实现了业务流程的线上化，移动展业、移动理赔等已在业内全面推广。保险公司利用云计算提供的大数据资源的整合，使其运营业务在产品的开发、客户精准营销、核保理赔等很多环节都实现了一定的智能化，整个运营过程更便捷。尤其在保险行业迈向“新保险”的阶段，云计算为保险公司的科技变革提供了重要的基础资源支撑。可以说，保险科技是保险行业重要的基础设施，而云计算则是保险科技最为重要的基础设施之一。

4. 云计算的应用案例

(1)信用与风险管理：云计算支撑信用管理服务。全球领先的金融服务提供商——安联集团主要为公司及个人提供保险和资产管理解决方案。随着保险科技的发展，安联集团也充分应用各类创新技术，拓展提升自身服务能力。

安联集团在关注信用风险及完善网络风险管理流程方面，主要应用云计算技术进行了以下尝试：

标准接口服务，无缝交易对接：安联集团下属的全球三大信用保险公司之一的 Euler Hermes 在 2017 年推出了“单次贸易承保”产品，在逐笔交易中，依托云计算等技术，依托专有的 API 接口，创建无缝连接交易过程，从而实现全面的信用管理。

系统深度融合，高效服务支持：同属安联集团的 AGCS 公司，则在与 Cyence 公司的合作过程中，通过云计算技术将自有的核保平台与 Cyence 公司提供的网络分析平台进行结合，利用 Cyence 公司的风险预测服务，快速确定客户的网络风险规模，进而进行核保服务，根据客户公司的具体规模来确定承保范围，并对客户的网络账户进行建模以确定风险趋势并分析如何应对不同的风险场景。

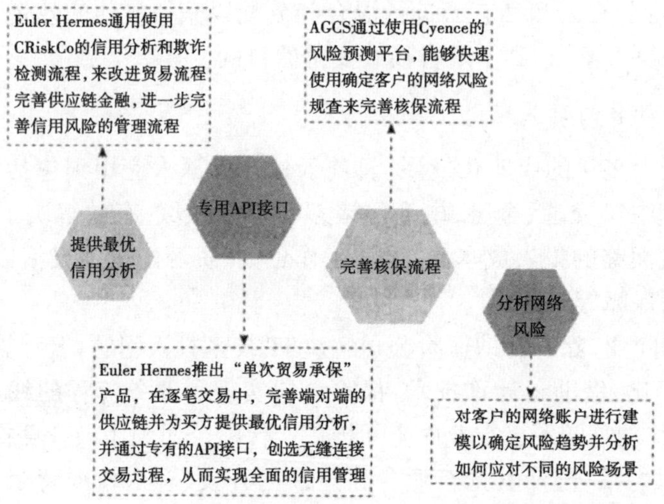

图 5-1　安联集团云计算支撑下信用管理服务

（2）“太保云”：云计算支持业务运营能力提升。太平洋保险在 2017 年提出“数字太保”战略，在数字、资源共享等数据化基础设施建设方面持续投入，并在数字化转型过程中基于云计算技术推出了“太保云”。

太保云在 aas 层为分公司提供资源服务和开发测试环境，并计划在未来部署生产云，提升分公司的服务能力，促进公司的业务整合。在此之上的 PaaS 层，太保云结合 Docker 和 Mesos 的 DCOS（Data Center Operation System）平台提供中间件服务和数据库服务，来实现自动化部署、快速响应和持续交互。而在 SaaS 层，通过搭建包括云盘和智能客服等产品服务，太保云提升了整体的运营能力，助力公司数字化转型稳步推进。

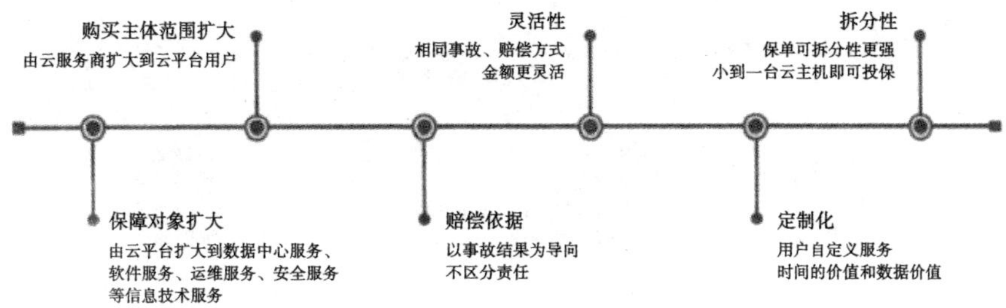

图 5-2　IT 保险 2.0 核心价值

（3）I 云保互联网保险推广平台：云计算推进保险产品推广。I 云保作为近年来我国发展快速的第三方保险推广平台之一，借助互联网高效、便捷的优势，通过云计算等先进科技的应用，便利了保险从业人员、中介机构，为其推广保险产品提供一定的服务，同时还能够为保险公司开发和运营保险产品提供互联网产品的支持。

I 云保基于云计算等技术搭建的线上服务平台，构建了完整的线上产品和服务生态闭环。通过线上平台，I 云保提供了各类互联网工具和服务，实现了对保险代理人及保险中介机构全天候的作业支持。

而通过对客户、消费者需求的收集和分析，在向保险公司定制适合市场需求的保险产品的过程中基于云计算，公司提供了标准化的 API 接口。可以快速对接保险公司和其他平台，保障了产品服务的高效、稳定和安全运行。

通过搭建智能客服系统，I 云保上承载的重点产品 85% 的相关客户服务均通过智能客服得到了提供，一方面显著提升了运营效率，另一方面也解决了一致性问题。

在云计算技术的支持下，I 云保实现了各类互联网产品和服务的高效稳定运行，打造了其独特的商业模式推动了保险产品的推广。截至 2018 年年中，I 云保平台实现产品定制近 70 余款，累计服务客户过百万，实现了为百万家庭提供健康保障的目标。

图 5-3　I 云保互联网保险推广平台

5. 互联网保险开放平台：云计算赋能保险新零售

车车科技是一家互联网保险科技公司，主要围绕车险展开产业布局，目前拥有车车车险、阿保在线和车保易三大互联网保险开放平台。2018 年，车车科技提出“保险新零售”发展战略，同时还发布了“凌云”“湾流”“潮汐”三大产品，结合云计算、大数据、人工智能等核心技术，从云、网、端全面赋能保险新零售，服务顾客、产品和场景。

云计算技术作为保险科技中最为重要的基础技术之一，在车车科技打造的互联网保险服务产品中发挥了重要作用。例如，车车科技推出的产品“湾流”，就是借助云计算技术对各类数据资产的整合，推出的数据化的运营平台——通过赋能场景端数据驱动的运营能力，收集并整合用户驾驶行为数据、挖掘用户场景端需求，从而为产品创新、差异化定价、精准营销和管理运营提供重要支持。

其推出的基于 SaaS 服务模式的“凌云”产品则充分发挥了云计算技术特点，实现了多用户、高频次、大波动的应用场景支持，为场景端提供保险销售工具，帮助具有保险销售需求的公司快速接入，实现经营的规范化和集约化，高效处理大龄用户需求，降低交易成本，实现保险销售的高效化。

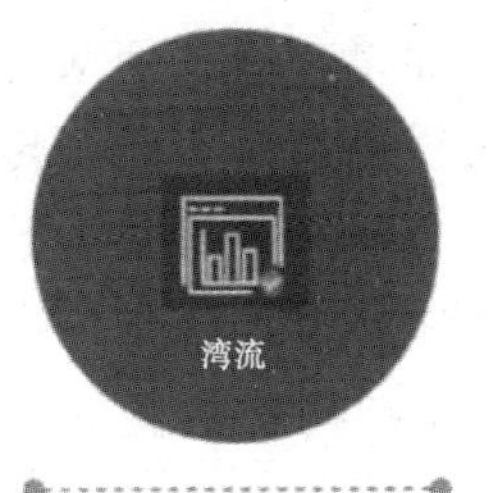

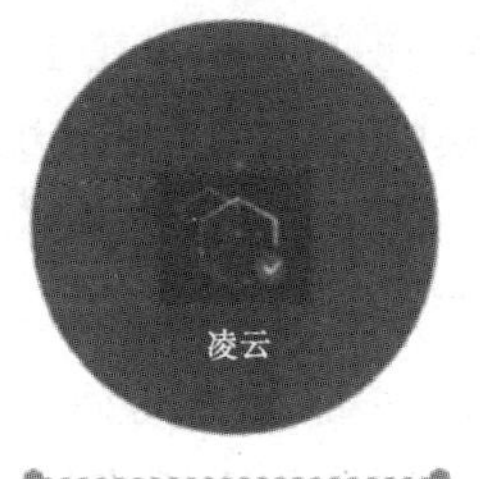

图 5-4　车车车险的技术平台

（二）大数据

大数据（Big Data）是指无法在一定时间范围内用常规软件工具进行捕捉、管理和处理的数据集合，是需要新处理模式才能释放更强的决策力、洞察力和流程优化能力的海量、高增长率和多样化的信息资产。大数据的特征主要有“4V”：大量（Volume）、高速（Velocity）、多样（Variety）、高价值（Value）。

1. 大数据的发展简介

“大数据”一词最早见于 1980 年美国著名未来学家阿尔文·托夫勒（Alvin Tofler）的《第三次浪潮》（*The Third Wave*）一书，其将大数据称为“第三次浪潮的华彩乐章”。20 世纪 90 年代，科研领域首次应用“大数据”这一术语来描述超出了主存储器本地磁盘以及远程磁盘承载能力的数据集。但直到 2008 年，《自然》杂志推出了名为“大数据”的封面专栏，此后，大数据才逐渐成为热门的技术名词。

研究机构 Gartner 认为，“大数据”是需要新处理模式才能释放更强的决策力、洞察力和流程优化能力的海量、高增长率和多样化的信息资产。麦肯锡全球研究所给出的定义是一种规模大到在获取存储、管理、分析方面大大超出了传统数据库软件工具能力范围的数据集合，具有数据规模大、数据流转快、数据类型多样和价值密度低四大特征。

大数据包括结构化、半结构化和非结构化数据，而近年来，随着移动互联网的快速发展，非结构化数据越来越成为大数据的主要部分。

大数据的特殊之处并非在于数据量,而是在于如何对这些数据进行专业化处理,从中获得能够支撑决策的关键信息。有别于传统的抽样分析,大数据分析是对海量的数据全部进行分析和处理。大数据一般分为结构化数据、半结构化数据和非结构化数据。其中,非结构化数据越来越成为大数据的主要部分,因此,近年来非结构化数据的挖掘和应用越来越成为大数据领域的重要发展方向。

大数据的飞速发展及其广泛应用,云计算起着重要的推动作用。正是云计算强大的计算资源支持,才使得对大数据的分析挖掘成为可能。发掘数据价值能为决策提供依据。同时,大数据也是云计算不断发展的必然产物。对海量数据资源的收集、管理、处理和应用的需要,推动着大数据技术的不断发展完善。

2. 大数据的技术概览

大数据需要使用特殊的技术进行处理,才能挖掘其中的价值。适用于大数据的技术,包括大规模并行处理(MPP)数据库、数据挖掘、分布式文件系统、分布式数据库、云计算平台、互联网和可扩展的存储系统等。

按照大数据处理的生命周期的角度看,大数据的技术体系大致分为采集与预处理、存储与管理、计算模式与系统、分析与挖掘、数据可视化分析以及数据隐私与安全等几大方面。

具体来看,作为大数据应用的第一步,数据的采集和预处理即是对多样来源的数据进行统一的采集,并通过预处理和集成操作等,为后续的使用提供高质量的数据集成资源。目前常用的数据采集方式,或称之为数据的抽取和集成方式主要有四种类型:基于搜索引擎方法、基于数据流引擎方法、基于数据库引整或中间件方法以及基于物化或ETL引整方法。

数据的存储和管理与数据的应用密切相关。大数据因其自身独有的特点,给存储系统带来了不同的挑战,其存储规模巨大,管理复杂,需要兼顾不同的数据类型,对数据支持和服务的种类和要求都更高,因此需要专门的技术体系予以支撑。目前应用较多的数据存储和管理技术包括分布式文件系统、分布式数据库以及访问接口和查询语言等。

大数据计算模式指根据大数据的不同数据特征和计算特征,从多样性的大数据计算问题和需求中提炼并建立的各种高层抽象或模型。大数据的计算模式相关技术的出现和发展,极大地推动了大数据技术和应用的发展。通常,大数据处理的主要数据特征和计算特征维度包括:数据结构特征、数据获取方式、数据处理类型、实时性或响应性能、迭代计算、数据关联性和并行计算体系结构特征等。

数据可视化技术是指运用图形学的理论和图像处理技术,将各种数据转化为屏幕上显示出的图标或图像,并进行人机交互处理的技术和方法。数据可视化技术主要由数据预处理、映射、绘制和显示等技术构成。数据可视化技术可以帮助用户快速进行数据的筛选,进而更便捷地从复杂数据中得到新发现。尤其在大数据环境下,对庞大数据量的分析处理,远非通常人力可企及。通过数据可视化技术,对大数据进行有效的简化和提炼,能更好地满足用户对大数据的使用需求。

随着大数据技术的不断发展,安全和隐私问题也越来越受到公众重视,大数据的数据安全和隐私相关技术也不断取得进步和快速发展。但相较于传统情况,在大数据环境下,数据安全及隐私所面临的问题更加严重和突出,数据的应用在法律法规层面仍有诸多的不确定性,技术的进步使得数据的泄露和滥用造成的风险都更加显著。因此,在这个领域技术仍有巨大的发展需求和发展空间。

3. 大数据的行业应用

大数据技术既是保险科技的重要组成部分,又兼具着推动保险行业发展的重要基础设施的角色。通过对全量数据而非抽样数据的分析,大数据技术不仅仅提供了更加精准的数据分析结果,而且为保险公司在其流程优化、产品设计、精算定价客户服务和营销推广等诸多方面打开了全新的视角和思路,例如借助大数据丰富多维的数据特征,建立更全面更清晰的客户画像。在交叉经营及客户服务等方面,已有保险公司在这方面取得了较好的效果。保险公司在开发新的产品方面,加入了丰富的数据分析,得以开发出更多的优质产品,例如气象保险,它是以气象数据分析结果为基础、基于可穿戴设备记录的运动数据开发的面向健康管理的医疗保险,还有我们经常使用的退货运费险,它同样是利用了海量网络浏览和购物行为数据分析。

随着大数据应用的不断发展,保险行业也慢慢形成了较完整的大数据产业生态,其在保险行业的应用已经达到较广的范围,如保险公司、第三方保险平台、中介代理、业务合作方、相关数据及技术支持方等。另外,随着大数据时代的不断加速,消费者保护和数据隐私等问题也成为了监管方越来越重视的内容,其在大数据产业生态中的作用也有了明显提升。

4. 大数据的应用案例

(1)退货运费险:大数据在精准定价和产品设计方面的应用。作为保险科技的先行者,众安保险自诞生之初就与各项创新技术紧密联系。众安保险成立之初发展的重点险种——退货运费险就是一款完全基于大数据等新兴技术的创新互联网生态保险产品。

利用大数据技术,众安保险得以对用户在电商平台上的交易行为数据进行收集和分析,建立多维的客户分析体系,从而更加精准地进行风险评估和产品定价。围绕丰富的数据信息,众安保险在退货运费险方面也得以不断对产品进行迭代和更新开发了针对卖家和买家的不同类型的细分产品,并且根据商家销售商品类别、账户风险、卖家及买家退货率等数据实现了针对每笔交易的个性化保费费率确定。同时基于大数据的实时分析技术,实现了风险的动态追踪及动态更新。

大数据技术的应用,也帮助众安保险强化了在退货运费险方面的反欺诈及风险控制能力。通过对大量真实业务数据的持续追踪和分析,建立针对不同类别商品的交易行为模型,对不同风险等级的客户实施差异化的产品定价,同时结合创新运营模式,与物流服务商建立更紧密的业务和数据合作,有效控制了道德风险,缓解了前期产品运营过程中赔付率过高等一系列问题,实现了产品的良性可持续运营发展。

(2)数据魔方,大数据应用的生态赋能。2015 年众安保险与平安保险联合推出“保骉车险”,并以此为起点,打造了汽车生态。围绕汽车生态的搭建,众安保险通过构建大数据生态,实现了大数据技术对生态体系的赋能。

通过发起“大数据联盟”,众安保险联合十多家保险公司和科技公司,建立了人、车、行等维度的数据体系,并分析了客户赔付风险相关性,从而指导费率厘定,并提升各方风险识别能力及相关技术能力。

同时,众安保险开发了面向车险大数据生态的数据处理平台——“数据魔方”,覆盖数据采集、标签体系管理和数据产品开发应用等数据处理应用体系。充分应用大数据技术,实现了对生态的赋能和对数据价值的挖掘。

（3）医疗数据平台：商保大数据解决方案。众安科技作为众安保险旗下科技能力输出和行业赋能的主体，围绕保险科技的开发和应用进行了一系列的技术研发和市场探索。

医疗数据平台是众安科技在商保市场提出的服务解决方案。众安科技在合法授权的基础上，将医疗机构与商保公司构建出线上桥梁，实现了医疗数据的线上直连，并结合大数据、人工智能等技术，对医疗数据进行综合分析、系统化整合和深度挖掘，在理赔和调查服务方面为商保公司提供便利，在提升理赔效率的同时，也相应地降低了两核风险。

医疗数据平台的主要产品优势包括：

数据直连：医疗数据直连、准确、无篡改，免除理赔材料的收集和递交。

高效理赔：医疗数据 T+0 线上传输，实现快速理赔，提升理赔时效。

快速排查：线上理赔排查，覆盖范围广，排查效率高。

SaaS 部署：无须系统对接即可投入使用，大大降低开发时间和成本。

加速并使数字化运营在商保公司更加顺利，众安科技将全国各地医保目录进行了全面的整合，囊括药品、诊疗、耗材和疾病等目录，搭建了目前我国最完整的医疗知识库，并通过数据治理、规范医疗知识库条目，构建知识图谱，实现了医疗数据的规范化、标准化输出，帮助商保公司实现自动化理算，提高商保理赔的准确性和时效性。

医疗知识库的主要优势特征：

海量数据：汇集全国七成医保目录，18 万条药品知识库海量数据持续更新中。

标准输出：建立医疗数据规则库，统一标准格式输出，实现自动化理算。

数据权威：基础库均以国家或行业标准为依托进行整合扩充。

Saas 部署：无须系统对接即可投入使用，大大降低开发时间和成本。

（4）客户数据 ATM 系统：客户大数据运营解决方案

太平洋保险在数字化战略布局基础上，基于客户需求，围绕“客户服务为导向”，从数字化前端、计算能力建设、敏捷开发机制与数字安全等方面入手，进行全面数字化改造。最终通过数字化供给、体验和生态三方面的建设来完成转型，以实现在数字供给上产品与服务的融合及交互、在数字体验上的简单与直达和在数字生态上对集团数字化思维及数字化决策能力的培养，进而推动市场和客户的运营。

太平洋保险在保险大数据解决方案上，产品服务的核心是量化客户需求、提升客户体验。例如，通过大数据处理平台和 IT 基础设施来构建客户数据信息处理系统（ATM 系统），可基于用户年龄、收入、受教育程度、家庭特征及投保信息等，对公司亿级客户的存量数据进行全面挖掘及分析。此外，系统能够支持多层次多维度的关键词搜索以提高搜索效率，并且具备“即时刻画，秒级呈现”功能，即通过脸谱绘制工作，利用客户洞见相关思维方式及工具方法来实现精准的客户认知与精细化服务。

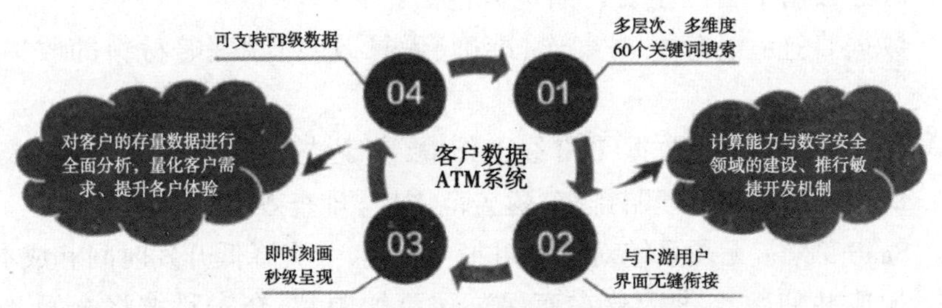

图 5-5　太平洋保险客户数据 ATM 系统

5.“数据湖”：深挖大数据价值，推动数字化转型

创立于 1880 年的慕尼黑再保险是全球最大的再保险公司之一。近年来，伴随科技的不断进步以及保险行业技术应用的进一步深化，慕尼黑再保险也将“数字要素”嵌入集团的整体发展战略中，并设立了数字化建设目标，成为传统保险公司数字化转型领域的领航者。慕尼黑再保险通过运用大数据相关技术，建立了“慕再数据湖”，从数据收集、数据存储和整合以及数据应用三个方面提高自身的数据分析与应用能力，并在保险价值链中的营销、核保和理赔等多个环节实现了数据支撑的运营提升。

慕尼黑再保险在应用大数据技术进行数字化变革的过程中主要聚焦于两方面能力的建设：一方面是风险管理能力，通过对核保、理赔、客户数据、感知数据等内外部大量数据的整合分析和处理，挖掘潜在风险，并以动态可视化的形式呈现实现更加全面的风险认知，动态把握风险状况；另一方面是运营服务能力，慕尼黑再保险利用基于海量数据和数据分析方法驱动的解决方案为其各个业务板块提供内部支持，提高运营效率。同时，也能为客户提供更完善的保险服务，升级用户体验。例如，慕尼黑再保险的 ELD 平台，即是基于对超过 1.6 万个新闻数据源的评估，对已发生损失的事件进行搜索和损失测算，实时监控保险标的的风险状况。一旦发生风险异常情况，平台即刻触发自动告知，提醒客户及时采取措施，进行避险减灾，防止损失进一步扩大。在平台的支持下，客户的防损防灾意识也得到提高和加强，数据支持性更加完整可靠，理赔管理工作量也得到有效控制，进而提高了整体的理赔效率，提升了客户的服务体验。

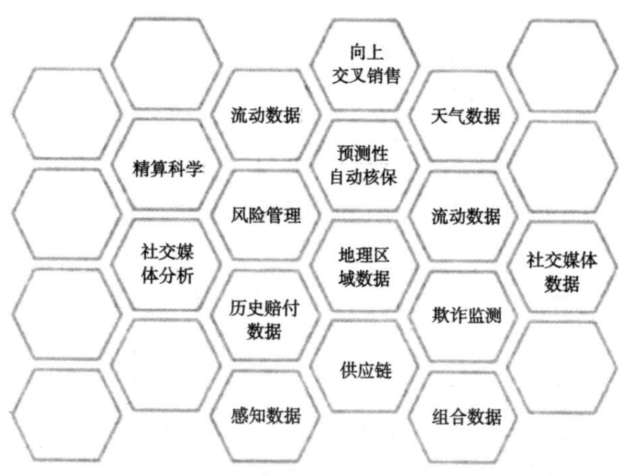

图 5-6　慕尼黑再保险应用大数据技术进行数字化变革

6. 风险评估助手，高效的大数据风险解决方案

美国公司 LexisNexis 是全球知名的学术数据库提供商，在风险解决方案领域拥有强大的数据资源优势和分析应用能力。公司拥有全球最大的法律及公共信息数据库，提供的产品覆盖法律、风险管理、学术等领域，提供的服务包括计算机辅助法律研究（CALR）、商业研究以及风险管理等。在为车险、房屋险和寿险等领域提供数据服务的同时，公司的风险管理、客户留存及反欺诈等技术也在保险业有诸多应用。

目前公司拥有超过 2 万个在线数据库，以及与数十亿个体相关的 500 亿条数据记录，每年能够为保险业提供 1.6 亿份驾驶违规数据以及近 1 亿笔保单数据，同时借助于不同类别的数据收集设备和方法，进行驾驶员远程评分、定价、UBI 车险管理服务等，并依托于其强大的大数据分析处理技术，为保险公司提供包括客户风险洞察在内的各项服务。

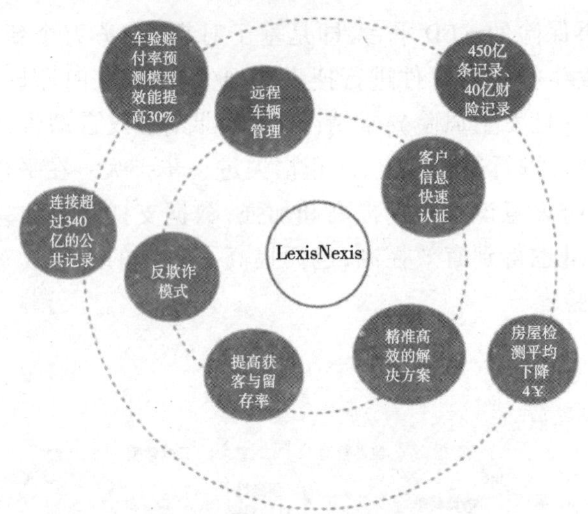

图 5-7　风险评估助手包含的关键点

（三）人工智能

人工智能（Artificial Intelligence，AI）是多领域科技融合的结果，当前人工智能领域的蓬勃发展建立在云计算和大数据技术日新月异的基础上。在云计算提供的强大计算资源支持下，对海量数据进行不断的算法迭代，进而更好地从大数据中挖掘出隐藏的价值。

人工智能研究内容复杂，应用领域广阔。虽然人工智能仍处于发展早期（弱人工智能阶段），当前仍仅仅擅长处理单方面特定问题，但已在诸多方面显现并发挥出巨大价值。目前人工智能领域发展最快和应用最为广泛的当数机器学习、图像识别和智能机器人等方面。而这其中，目前又以机器学习为代表的人工智能相关应用较为成熟，在新保险发展早期应用较为普遍，而随着技术的不断进步，人工智能将为保险业带来更多更大的改变。

1. 人工智能的发展简介

人工智能的发展可以上溯到第二次世界大战时期，随着现代计算机技术的诞生，人工智能开始进入科学家的视野。1956 年，以约翰·麦卡锡和马文·明斯基为代表的一批学者，正式提出了“人工智能”这一术语，它的出现是人工智能这一学科诞生的重要标志。在此之后，人工智能领域的发展经历了几起几落。随着互联网的快速发展，云计算和大数据等技术不断成熟,人工智能发展再次步入快车道。2016 年,由谷歌公司开发的人工智能程序 AlphaGo 成为第一个战胜人类围棋世界冠军的人工智能程序,昭示着人工智能的发展步入了全新的阶段。

2. 人工智能的技术概览

人工智能的研究范畴非常广泛,包括知识获取、感知问题、模式识别、神经网络、复杂系统、遗传算法等诸多内容,其核心涉及四大技术:计算机视觉、机器学习、自然语言处理和人机交互。

计算机视觉(Computer Vision, CV)是使用计算机及相关设备对生物视觉进行模拟。通俗地讲,计算机视觉技术是研究如何使机器“看”的技术——借助于各类摄影设备替代人眼,帮助计算机进行识别,追踪和测量,并进一步进行图像处理,使之生成更适于人眼观察或其他设备使用的信息。

机器学习(Machine Learing, ML)是人工智能的核心技术,是使计算机具有智能的根本途径,机器学习是用数据或以往的经验,研究如何在经验学习中改善具体算法性能。机器学习的研究涉及概率论、统计学等诸多学科领域,应用范围也十分广泛,遍及人工智能的各个方面。

自然语言处理(Natural Language Processing, NLP)研究实现人与计算机之间用自然语言进行有效通信的各种理论和方法。自然语言处理与计算机视觉技术一样,将各种有助于实现目标的技术进行融合应用。现代自然语言处理算法主要是基于机器学习,特别是统计机器学习。

人机交互(Human-Computer Interaction, HCI)是指人与计算机之间使用某种对话语言,以一定的交互方式,完成确定任务的人与计算机之间的信息交换过程。它主要包括从人到计算机和从计算机到人的信息交换两部分。

3. 人工智能的行业应用

人工智能应用在保险行业中,给其带来了很多积极的改变。例如,在客户交互这个环节,可以利用人工智能实现与客户的互动,可以使保险公司能够通过线上的渠道获得客户,拓宽渠道,使其能够在营销推广、客户服务等方面大大提升效率;同时,人工智能在核保、承保及理赔等环节,能缩短对客户所提供资料的真实性进行核查的时间,如文档类、影像类等相关文件,从而实现高速的处理效果,同时也能防范潜在的保险诈骗行为等。

目前人工智能应用的主要领域仍集中在应用人工智能带来的算法方面的提升，通过机器学习，建立更精准的模型体系，支撑业务运营过程中的风险控制、反欺诈、精准营销和客户关系管理等。

4. 人工智能的应用案例

（1）机器学习在寿险反欺诈领域的应用。欺诈这个现象，长期以来都困扰着寿险行业，在其发展的过程中，是一个急需解决的重要问题，它影响着保险行业健康发展。我国人寿保除作为我国最大的商业保险集团之一，在反欺诈方面也投入了大量资源进行能力建设。随着技术的不断进步和海量数据资源的积累，我国人寿保除也应用机器学习等技术，对寿险领域存在的潜在欺诈案例进行挖掘和追踪，降低传统案件处理过程中的人为不确定因素，提高识别准确率，以节约人力成本。

我国人寿保险在对历史相关数据进行深入分析研究的结果中发现，重大疾病保险、短期健康保险和意外险欺诈案发率较高，这些险种都属于人身保险。而重大疾病保险、两全保险、定期寿险案件均涉案金额相对较高。从这两项数据可以看出，重大疾病保险两项指标都比较突出，因此，重大疾病保险也成为反欺诈的重要关注内容。

（2）知识图谱在反欺诈和精准营销领域的应用。阳光保险在人工智能领域进行了诸多积极探索。应用知识图谱，公司在反欺诈和精准营销方面取得了良好效果。

在反欺诈应用方面，知识图谱主要应用于阳光产险信保事业部承保审核环节。此前阳光产险信保主要是依靠人工进行风险评估，业务人员需自主查询贷款申请人信息及关联的历史贷款人信息，但在申请人相关社交网络信息整理方面经常遇到困难。借助知识图谱技术，贷款申请人个人信息及社会关系等所有数据均实现了连通，信息的多维化、可视化展示，帮助业务人员进行深度的反欺诈分析和预测，增强了业务整体的风险识别能力。自 2017 年 11 月上线，到 2017 年 12 月底阳光产险信保事业部利用知识图谱技术共发现 18 起重大案件（涉及人数大于 5 人的案件），是之前人工处理案件量的 8.5 倍。

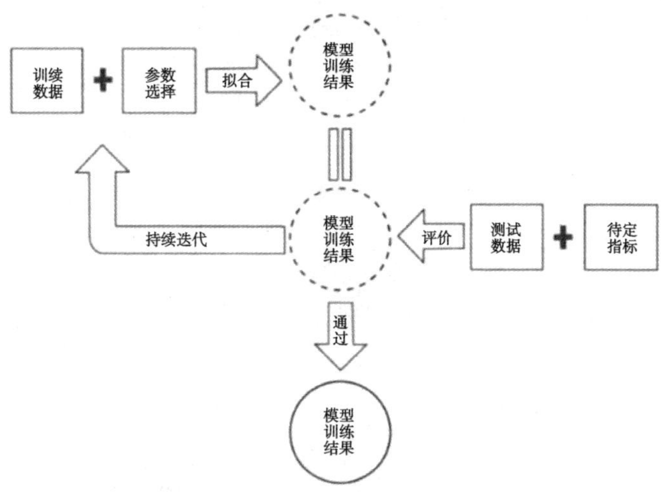

图 5-8　机器学习在寿险反欺诈领域的应用过程

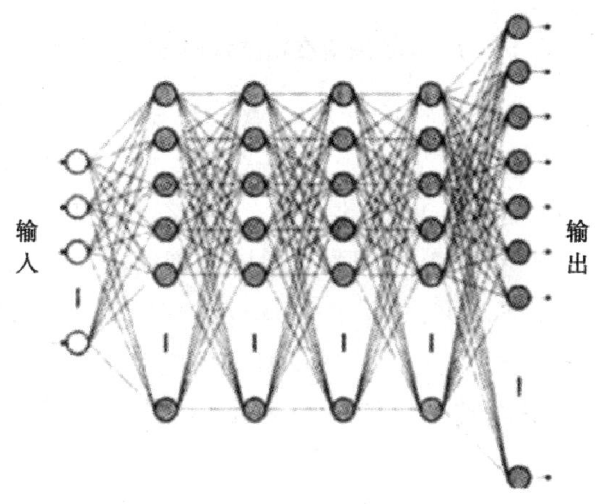

图 5-9　知识图谱图示

在精准营销方面阳光保险旗下惠金所应用知识图谱技术开展精准营销，利用业务中的注册功能和邀请功能构建了知识图谱的实体和关系两大元素，进而建立了用户之间的关系图谱，实现了用户关系的快速查询。在此基础上，通过应用知识图谱结构推测客户好友圈价值，锁定优质客群和潜在价值客户，公司实现了客户运营管理的优化，达到了获客和营销的效果。

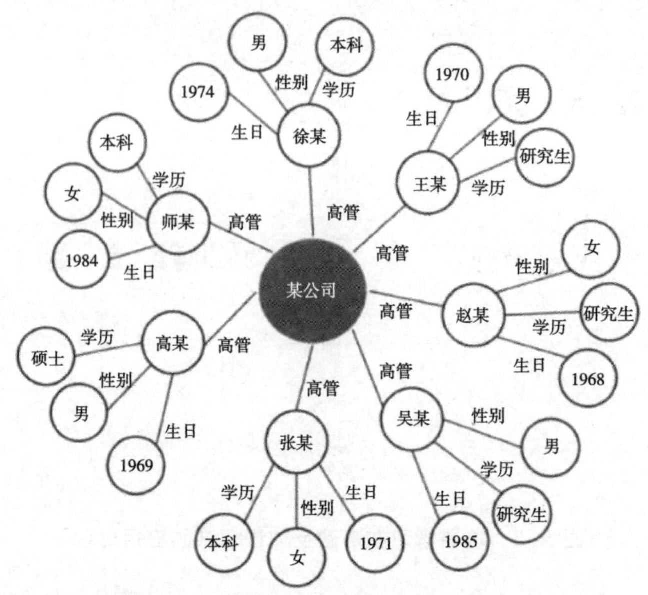

图 5-10　知识图谱在精准营销方面的应用

（3）机器学习在保险资产管理领域的应用。作为我国首家保险资产管理公司。人保资产在业内一直积极探索和尝试使用创新技术推动保险业资产管理的发展。2018 年 1 月，人保资产发起成立“人工智能发展与应用小组”，希望在“智能风控”领域实现突破。团队从发债主体信用资质变化等大数据入手，着手开发具有人保资产特色的“机器学习算法”，通过精准程序设定，让计算机根据市场内企业公开的财务指标“研判”和“学会”信用资质变化的一般规律，并自主应用此规律开展智能化信用评估。

人保资产在大数据和人工智能技术的帮助下，还开发了“信用舆情智能分析系统”。这个系统可以大大降低人工核查的一些弊端，并提升其效率，同时也能降低资产管理方面的风险发生的概率。通过机器学习和自然语言处理加工，对市场上传播的各类信息进行过滤，使计算机能够对文本有倾向性，能对发债主体的舆情变化尽早发现尽早预警。并以此为依据之一，对发债主体的信用评级进行相应的调整，及时调整投资布局。

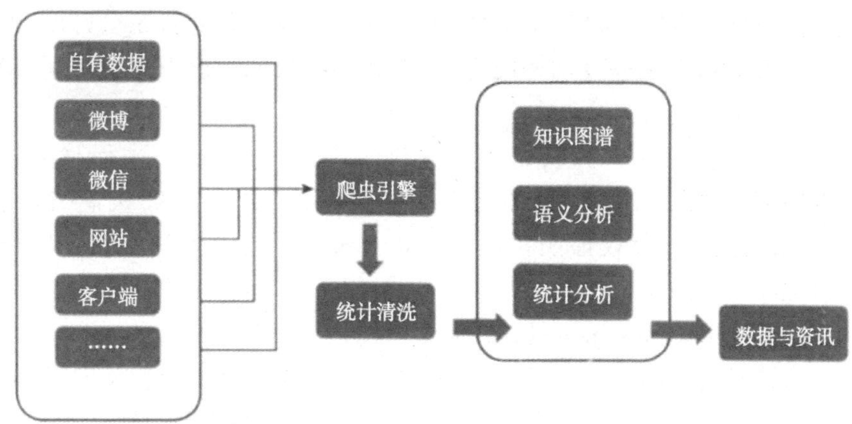

图 5-11　机器学习在保险资产管理领域的应用

（四）区块链

区块链技术是近年来创新技术的代表，被认为是自互联网诞生以来最具颠覆性的创新之一。其基于分布式网络形成的共识机制，应用分布式数据存储、点对点传输、共识机制、加密算法等计算机技术，具有去中心化、开放性、透明性、匿名性、数据不可篡改性和自治性六大特征。

1. 区块链的发展简介

区块链技术实为诸多技术的创新组合应用模式。其相关技术发展最早可追溯到 20 世纪 70 至 80 年代，伴随密码学分布式计算等诸多领域的研究，区块链得以成为现实。近年来，以"以太坊"为首的大批机构不断丰富和完善着区块链的技术架构体系，更吸引了诸多行业在区块链技术领域的探索，有力地推动着区块链技术的发展成熟和进步。

2. 区块链的技术概览

区块链技术主要解决了交易信任及安全机制的问题。围绕这个问题，目前，区块链主要提供了四方面的创新解决方案。

一是分布式账本。有别于传统的中心式记账方案，区块链上的交易记账是在分布于不同地方的多个节点上共同完成的，而且每一个节点上都记录着完整的账本和账目信息，因此每一个节点都可以参与监督交易，同时也可以为其提供佐证。当节点足够多时，链上的信息就更加安全，从而保证了整个账本数据的安全性。

二是非对称加密和授权技术。区块链上的交易信息都是公开的,但账户身份信息则是高度加密的,只有在获得授权的情况下才能访问,确保了隐私及数据的安全。

三是共识机制。区块链技术提供了多种共识机制,来保障对记录的有效性的认定。常见的共识机制包括:工作量证明机制(Proof of Work, POW),股权证明机制(Proof of Ske, POS),授权股权证明机制(Delegated Proof of Stake, DPOS),实用拜占庭容错算法(Practical Byzantine Fault Tolerance, PBFT)等。

四是智能合约。当今社会,执行合约需要耗费大量社会资源,智能合约技术提供了一种高效便捷的合约执行方案。基于区块链上不可篡改的数据智能合约会定期检查是否存在相关事件和触发条件,当合约条件触发,系统就可以自动执行一些预先定义好的规则和条款。

3. 区块链的行业应用

区块链的分布式网络特征使其具有明显的开放性和可拓展性,有效降低了其商业门槛,而共识机制的独立存在,使其能够在降低合约执行成本的同时,提升其执行效率。因此,区块链技术应用给众多行业和领域都带来了巨大的想象空间。

目前,区块链技术在保险行业的应用主要集中在产品开发、风险防范流程优化和相互保险等领域,推动着保险行业价值链和全流程的改造。例如,传统保险公司以保单为单位开展产品销售和管理客户信息较为分散,以云计算为底层基础设施,打造面对行业的区块链 Baas 云服务,能整合多源道的客户信息,实现客户账户统一管理,有助于实现数据共享,以缩短业务时间提高业务效率。区块链技术的实际应用,可以对身份和信息做出最快的校验,从而能够实现数据和企业的分离,这样授权第三方就能够依据数据进行梳理和详细的分析。特别凸显在投保人出现更换保险公司的情况下,数据连续性就尤为重要。区块链技术中的数据不可篡改性,也给保险反欺诈领域带来了巨大的价值,有望为保险公司节省大量运营成本和管理服务成本。作为重要的基础设施,在未来,区块链技术将进一步与大数据、人工智能、物联网的众多技术相融合。孵化衍生出更多的创新应用,助力构建未来保险业。

4. 区块链的应用案例

(1)再保险区块链:区块链技术直击再保险业务痛点。长久以来,在保险行业一直存在两大比较突出的难题，一是道德风险，主要体现在交易双方信息不对称，二是操作风险，主要体现在信息化水平较低引发的情况。2018 年 3 月，由上海保监局牵头，众安科技以及多家直保机构、再保机构共同参加，共同打造了我国首个区块链再保险实验平台。

经验证，该平台不但能够实现磋商签约、分保、账单交换和理赔处理等交易环节，而且可以在区块链技术的支持下，整合成统一的多链交易生态系统，大幅提高交易处理的准确性和效率。

在实验平台基础上，我国再保险集团、汉诺威再保险、通用再保险、众安再保险、众安科技和英特尔公司等各业务参与方及技术支持方还共同参与撰写并发布了《再保险区块链（RIC）白皮书》，首次在业内共享对再保险区块链的研究及应用成果，希望借助区块链去中心化、开放性、独立性、安全性和匿名性等特征拆开再保险交易的黑盒，消除当前再保险业务中存在的信息不对称，同时大幅度提高整个再保险交易领域的信息化水平，推动再保险行业的流程智能化建设。

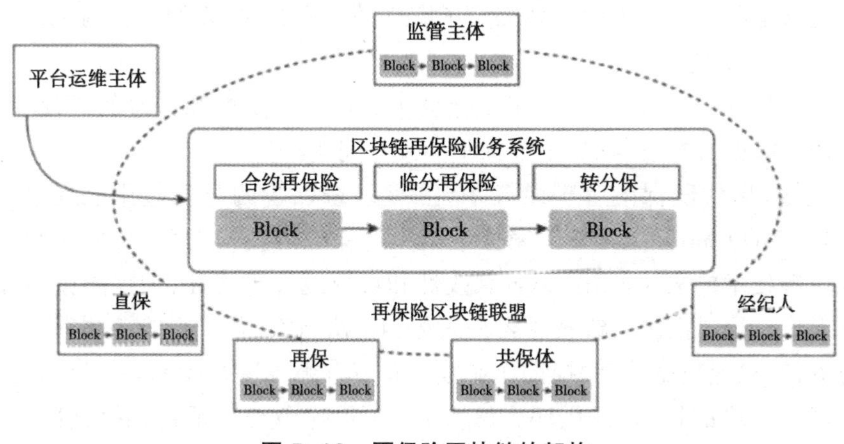

图 5-12　再保险区块链的架构

（2）区块链保险卡单：便捷安全的保险体验。我国十大保险集团之一的阳光保险在 2016 年推出了业内首款具备区块链特性的微信保险卡单。产品围绕商旅人士的需求，为经常乘坐飞机出行的客户提供了更加便捷的保险服务，减化了每次出行都要反复购买的烦琐手续。

当用户在公司官网完成产品购买后，可在微信服务号上随时查询。电子卡单的使用也非常简单，在点击使用并填写航班号和被保险人姓名、身份证号等信息后即可生效，整个流程不到一分钟。

依托区块链技术,客户可以便捷地进行保险卡单的购买和转赠,依赖于底层的区块链技术,保险公司和消费者可以追踪保单的流转过程,从而确保产品的真实性和保单的唯一性,杜绝了潜在的诈骗风险,也为客户带来了更加便捷的保险购买和使用体验。

全球最大的保险集团之一——安盛保险是全球范围内最早使用区块链技术开发保险产品服务的大型保险集团之一。其在2017年推出了一款基于以太坊公有区块链技术的航空延误保险产品Fizzy。作为一款"智能保险"产品,被保险人在乘机出行时,如果遇到航班延误两小时或以上的情形,即可获得赔付。

与传统的保险产品不同,Fizzy是一款100%自动化的保险产品,其通过使用区块链上的智能合约来触发自动支付。Fizzy的用户付款和赔偿数据存储在区块链中,并通过以太坊智能合约与全球空中交通数据库相连接,对航班数据实行实时监控。那么,当客户的航班出现延误或超过2小时这类的情况时,赔偿机制将会自动执行,直接将赔款发送到投保人指定账户中。因而有效缩短了案件的理赔时间,降低了合约执行成本,提升了作业效率。

在此过程中,区块链技术也保证了数据的真实性和传输的高效性,实现了数据的共享,减少了数据不一致等问题。

(3)区块链保险管理服务平台:区块链保险的革新应用。成立于2015年的Chain That是一家位于英国的保险科技初创公司,旨在利用区块链技术的去中心化、不可篡改性和可追溯性等特征,为保险公司和再保险公司提供区块链技术咨询服务和解决方案,帮助保险公司简化保险流程、实现数据共享、提高作业效率和节省服务运费成本等。目前,公司基于区块链技术,提供四大解决方案:再保险交易平台、支付管理平台、再保险保单管理平台和合同管理平台。

Chain That的保险解决方案充分体现了区块链技术的三大特点:一是去中心化,提高交易效率。二是数据不可篡改,提高了数据安全,例如,Chain That公司的合同管理平台会将每一个工作流程打上时间戳,保证了数据的不可篡改性,进而提高了安全性,帮助保险公司节省了大量成本。三是数据的可追溯,保证了数据的连续性,例如,Chain That公司的合同管理平台可将每一份合同都存储在区块链上,交易各方都能看到最新的合约以及此前修改的条款,从而保证了整个文件中信息和数据变动的可追溯性,实现了数据的连续性管理。

图 5-13　ChainThat 区块链解决方案

二、保险科技：科技焕生保险业生态新气象

互联网保险的快速扩容为保险科技的发展提供了土壤，科技作为驱动新业态发展的重要力量，逐渐跳出互联网保险的范畴，对行业更多的应用领域产生影响，成长为推动行业进一步发展的中坚力量。在此过程中，科技与保险行业不断碰撞融合，一方面实现了各项科技的应用创想，推动了技术的发展和普及，另一方面原有的行业生态也在科技的驱动下不断演化，焕生出全新气象。

伴随着保险科技在保险行业中应用更加深化，保险与科技的融合也越来越深入，技术驱动的保险业生态扩容成为一种历史必然。这种生态级的扩容带来的变化是方方面面的，从商业模式到运行方式，从组织结构到人员配置，等等。

目前，保险科技驱动的保险业生态中，行业主体类型已远不止传统保险公司及经纪代理中介平台，还包括与金融科技深度融合的互联网保险公司、深入到保险市场的互联网公司以及服务于保险生态的各类科技公司等。各类主体的相容共生共同推动着整个保险业的科技转型，孕育着面向未来的新保险。

（一）传统保险公司

作为保险市场上最主要的主体类型，传统保险公司在目前保险生态中仍然占据着重要地位。虽然受制于历史沿革、业务现状和既有组织结构因素，传统保险公司在面临创新变化时往往相对保守。但近年来，随着全行业对科技应用的重视和加强，尤其是在面临来自互联网保险公司和大型互联网公司等对手激烈竞争的形势下，传统保险公司越来越重视在科技领域的投入。

传统保险公司的科技化转型主要体现在两大层面。战略层面上，主要通过制定科技化战略将科技转型纳入公司发展的方向，并辅之以相应的配套落地策略予以贯彻执行。操作层面上，则通过调整组织架构、完善考核管理机制予以配合支持。

作为传统保险公司科技转型的样板，平安保险的科技化之路是目前我国传统保险公司科技转型最典型也是最成功的案例。从成立平安科技支撑内部科技发展，到打造金融壹账通输出科技能力，再到孵化一系列的科技独角兽，平安保险聚焦于保险主业，构建了一个完整的保险科技生态，实现了“大象转身”。

据不完全统计，截至 2018 年上半年，传统保险公司共计发起设立各类科技子公司近 50 家，其中较为典型的包括人保集团成立的人保金服、我国再保险集团成立的中再巨灾科技，以及太平保险成立的太平科技保险等公司。

作为保险市场上最重要的主体之一，传统保险公司的加入，这一举动对保险科技的发展具有重大意义，同时也标志着保险科技的发展进入市场普及和快速应用阶段。

（二）互联网保险公司

与传统保险公司不同，互联网保险公司的科技基因与生俱来。

以我国首家互联网保险公司众安保险为例，开始于互联网技术快速发展、电商经济爆发的风口，成立于 2013 年的众安保险自创立之初就与科技密不可分。

而我国保险科技的诞生，更脱胎于互联网保险。2016 年底，众安保险孵化成立众安科技，开始向外进行科技赋能，这标志着我国保险科技市场发展日趋成熟。2017 年，众安保险在我国香港的成功挂牌上市，意味着市场对科技保险的认可，保险科技行业发展进入爆发期。

虽然相较于传统保险公司，互联网保险公司历史包袱较轻，组织结构更加灵活，技术应用更加快速，但整体上，互联网保险公司普遍成立年限较短，市场规模相对较小，对当前整个保险行业的影响仍相对有限。互联网保险及其孕生的保险科技，在目前阶段，更多的是给行业发展带来启发，并借由技术输出和科技赋能，探索更加多元化的行业发展形态。

可以期待，随着市场整体对保险科技认知和认可的加深，互联网保险将与保险科技一道在保险生态中发挥更大的作用，创造更多的价值，并推动整个保险业的科技转型，打造属于未来的新保险。

（三）保险中介平台

保险中介包括保险代理、保险经纪和保险公估三大类，作为与保险公司发展共生的一类主体，其发展状况与保险行业发展水平高度关联。历史上保险中介的出现推动了保险业的发展。而在保险科技转型阶段，保险中介也焕发出全新的生命力，借助保险科技的赋能，更高效地推动着保险市场的发展和保险生态的建设。

近年来，借助互联网等信息技术的支撑，互联网保险中介平台发展尤为迅速，而互联网保险中介平台亦成为保险中介领域在保险科技发展和应用方面的排头兵。

通过运用保险科技，互联网保险中介得以与客户构建更加紧密的联系，从而满足更多更全面的客户需求，进而指导保险公司开发更加符合客户需求的保险产品。同时，依托于互联网保险中介平台提供的贯通保险销售前台和后端的线上工具，保险营销人员能够更好地进行业务拓展和客户服务，这些都极大地促进了保险科技的应用和发展，推动了保险业的科技转型和生态建设。

（四）互联网公司

经过十多年的发展，以百度、腾讯、京东等为代表的我国互联网公司均在自身所处领域积累了数以亿计的客户，建立了业务护城河，依托庞大的用户资源以及在科技领域天然的优势，互联网公司得以不断拓展自身业务范畴，并将自身强大的科技能力赋能新进领域，挖掘更多的市场价值。深入保险生态的互联网公司，大多以这种方式参与到保险业的科技转型中来。

以腾讯公司的微保平台为例，通过微信这一数亿级用户规模的流量入口,微保为其平台上承载的保险产品提供了高质量的客户流量来源。同时,依托其强大的数据收集管理和分析能力,微保也为保险公司提供了更有效的客户需求分析,帮助保险公司进行产品的开发。

而京东旗下的京东金融也积极探索科技赋能保险的发展模式。通过开发一系列针对保险业痛点需求的金融科技产品,使互联网公司得以深度参与到保险业的科技重构过程中来,繁荣了保险业的发展,同时也丰富了保险科技的市场参与主体类型。

(五)科技公司

随着金融科技尤其是保险科技领域技术的不断发展和成熟、落地应用的不断增多和市场的不断扩大,越来越多的科技公司进入保险领域,助推整个保险业的科技转型。

这当中包括为泛金融行业提供解决方案的科技公司以及专门为保险公司提供服务的专业金融科技公司两大类。前者主要包括为包括保险公司在内各类金融机构提供相关通用技术产品,如云计算、大数据、人工智能和区块链等技术开发服务,以及反洗钱监控、第三方支付解决方案等金融服务产品的公司;后者则包括专门为保险公司提供服务的各类科技服务公司,如定损和理赔查勘支持、保险反欺诈等。

专业科技公司的出现是保险科技市场成熟的重要标志。精细化的分工,为保险行业各细分业务领域的科技化转型注入了更加强劲的动力,帮助保险科技更全面地融入保险业发展的各个环节,推动保险业创新进步,同时更为新保险生态确立了多样化的价值典范。

第二节　运用新技术,促进保险业智能化发展

推动保险科技的振兴,意味着整个保险行业都将进行全新的变革。伴随着保险科技的应用在各个领域逐渐加深,智能保险的大潮正在汹涌而来,保险业迎来了全新的战略发展机遇期。

新时期保险行业的转变,不仅仅意味着传统保险与创新技术的相互融合,同时还是全新的思维方式与创新理念的大融合,进而打造功能更丰富的产品、提供体验更人性化的服务和构建体系更强大的生态系统。

一、新保险，更丰富的功能

保险科技的不断发展和应用，持续推动着保险领域诸多创新产品和功能的开发。这些产品和功能有面向投保人的保险保障性产品，有支持行业发展的业务推动性产品，更有面向监管的管理支撑性功能。各类产品和功能协同实现了客户、行业和监管等不同主体需求的全覆盖，构建了新保险体系的基础和支柱。

（一）满足客户更加多元化的保险保障功能需求

在科技进步的推动下，整个社会的经济发展和社会结构都不断地升级进化。伴随这个过程，保险产品和服务也在随着时代的变迁而蓬勃发展、不断壮大。回顾现代保险业历史，从最初的海上保险、火灾保险到后来的人寿保险等，保险产品随着经济的不断发展呈现出越来越丰富的形态。进入互联网时代，退货运费险等围绕电子商务经济体系的各类新型保险产品开始大量出现，在解决电子商务领域的需求痛点的同时，也极大地促进了电子商务经济的爆发式增长。而原有的保险产品也在各类创新保险科技的帮助下，呈现出完全不同的产品形态和运营方式，例如从航空延误险演化出的更贴近客户和场景需求的机场延误险，使最初必须提前数天进行投保方可获得的保障，目前在航班起飞前投保即可享受，极大扩展了保险产品的覆盖范围，扩展了保险的保障功能范围。①

具体来看，在新保险体系下，保险科技驱动的保险保障功能的多元化，主要体现在三个方面。

一是保险保障覆盖的客户群体的多元化。在当前既有的保险体系下，保险产品提供的保障功能对客户群体需求的覆盖度仍有较大的提升空间，尤其是对小微企业、城镇低收入人群、贫困人口、残疾人和老年人等特殊群体的保险需求满足程度较低。在保险科技的支持下，保险公司可以针对上述人群，定制开发更具有需求针对性的保险产品，在整体风险可控的前提下，满足更多客户的保障需要，发挥保险的稳定器作用，在经济和社会转型阶段，助力普惠金融发展，创造更多的社会价值。

---

① 众安金融科技研究院著．新保险时代——金融科技重新定义保险新未来[M].北京：机械工业出版社，2018.

二是保险保障覆盖的标的类型的多元化。科技的进步，一方面直接推动了保险需求满足方式的改善优化，扩大了可保标的的类型范围，另一方面也在催生全新经济发展模式的过程中带来的全新的保险需求。例如，在工业设备租赁领域，因设备本身类型繁多，专业属性较强，而用于产品定价的数据又相对欠缺，给相关保险产品的开发带来了很大困难，严重制约了此类险种的发展。借助物联网技术的支持，保险公司通过对不同类型设备的运行数据进行持续追踪和分析，得以实现对承保标的风险变化的实时监测及对潜在风险的准确预测，并以此为基础开发相应的保险产品、制订对应的风险预防方案等。科技的应用极大改善了该领域原有产品的定价模式，满足了不同承保标的差异化的保险需求。再如，近年来，随着共享经济在房屋租赁及交通出行等领域的迅速发展，保险公司依托物联网技术，通过对智能家居等设备进行大数据分析，迅速推出了针对共享租房领域的家财险、责任险等产品，以及针对共享出行场景的专门覆盖特定风险的责任险、意外险等产品。

三是保险保障服务能力的多元化。传统保险保障功能的实现，有赖于大量人工的投入。随着业务规模的扩大，高昂的人力成本也对业务的发展形成了制约，客户对保险的时效性要求无法得到充分满足。保险科技的应用，提高了保险作业流程的自动化水平，支持保险公司将保障服务提供给更大时空范围内的保险需求方。例如，借助卫星遥感和图像识别，传统的农业保险也可以为地理位置更偏远、种植品种集中化较低、气象条件更复杂的区域提供保障服务。在灾害发生后，工作人员无须前往现场，也能快速完成灾情查勘、定损、理赔等工作。在保险科技的助力下，保险公司得以打造全天候、全场景的保障体系。

在保险科技的驱动下，新保险的保障范围和保障程度都较以往更高，并朝着人人有保险、时时有保险和处处有保险的方向进一步发展，用越来越丰富的保险产品和服务，满足客户越来越多元化的保障需求。

（二）满足行业更加多样化的市场发展功能需求

多元化的需求满足有赖于产品提供方技术能力的持续提升，多样化的市场形成亦得益于技术进步的不断推动。在新保险的体系下，保险机构通过科技的应用，获得针对多样化的市场的支撑、运营和服务能力，实现了技术对发展的推动，这主要体现在以下六个方面。

第一，业务支撑能力的提升。在新保险时代，保险业务的场景将更加丰富，诸多高频次、短时效、大波动和碎片化的场景化产品的交易将更加常态化。例如，保险公司围绕共享出行市场提供的保险产品，就需要与该市场内庞大的交易量和交易速度相匹配的承保出单能力作为支持。通过应用包括云计算、大数据等技术，保险公司才得以实现对该市场内保险需求的满足。

第二，业务运营能力的提升。技术的应用，帮助保险公司不断完善自身的作业流程，实现更灵活的内部资源调配，从而稳定提升运营效率、优化运营质量、降低运营成本。例如，按照业务需要，弹性采购云计算服务，在满足多样化运营需求的同时，也有效控制了运营成本。

第三，业务服务能力的提升。借助各类创新技术，保险公司的运营效率得到提升，服务时效大幅提高，服务能力也更加完善。例如，借助无人机及人工智能，保险公司可以进行远程查勘和定损，即使在恶劣的环境条件下，也能快速完成灾情定损，这大幅缩短了该作业环节的时间，提升了业务整体服务能力。

第四，业务能力获得提升。在各类科技支持下，保险公司的业务拓展能力也发生了较大改观。例如，在移动互联网场景下，保险公司能够通过 App、微信服务号、小程序等多种渠道，以较低的成本快速触达客户。而众多面向保险代理人的工具类产品，通过对各类资源的集合，降低了保险代理人从业门槛的同时，也提升了营销的效果。

第五，业务管理能力的提升。依托各项创新技术，保险公司能够获得更加广泛的数据支持和工具支持，从而进行更精准的风险定价、更完善的产品开发、更系统的流程梳理、更全面的风险监控和更动态的风险管理，降低信息不对称及信息泄露等风险，提高整体业务的稳定性。

第六，业务拓展能力的提升。科技发展催生出诸多全新的市场，保险科技的应用也推动了保险业态的演化，创造出更多的市场机会和空间。例如，目前我国保险公司纷纷涉足保险科技领域，通过设立科技子公司等形式，向外输出科技能力，在保险主业之外，不断向产业上下游延伸，探索更多的市场机会。

保险科技的发展应用，为新保险打开了更为丰富的市场大门，在强化主业之高效稳健的同时，更推动着新保险内涵的不断完善，使其业务更为多样、生态更加繁荣。

（三）满足监管更多层次的支撑性功能需求

在科技大浪潮的引领下，使得保险市场自身结构不断变化，需求也随着日渐多元，市场越来越多样，整体的影响范围也越来越广。当然，保险业务的操作流程也没有停止脚步，其内容也愈加复杂，相关业务数据类型和量都在急剧上升，保险行业的监管难度加大。而以保险科技作为重要基础设施的新保险，为满足监管部门更多层次的支撑功能需求提供了可行的方案。

总体上来看，科技对多层次监管支撑的影响主要体现在以下两方面。

第一，宏观层面上，科技与行业监管的深度融合，助力监管部门构建更加全面、动态、高效、智能和低成本的新型监管体系，响应新经济、新金融和新保险发展的监管需要，促进全球范围内的金融监管合作，维护金融稳定和健康可持续发展。具体来看，整个保险行业随着数字化程度深化，行业整体的技术水平及数据的完整性都在不断提升和完善，在区块链等技术的加入和加持下，使数据的连贯性、一致性和可追溯性得到了不断的加强，从而为监管提供了更加可靠便利的资源。对于风险和异常现象的甄别方面，综合应用大数据、人工智能等技术，分析和处理数据，从而提升其灵敏度，最终为实现全面监管发挥作用。与此同时，技术的应用，让泛市场、全天候、动态实时的市场监管成为可能，高效、智能的信息处理更是有望让基于科技的数字化监管发挥更大的效用，而监管成本也将得到有效控制。

第二，微观层面上，科技的应用能更好地帮助行业内各类公司进行合规建设，在完善内部合规操作流程的基础上，提高质量，降低合规风险及成本。

二、新保险，更人性化的体验

在以前沿技术为驱动的新保险体系下，客户与保险公司间的互动关系将发生根本性变化——保险机构不仅可以应用创新技术，使其与客户之间的交互更加人性化，而且可将保障不断延伸，将客户的保险体验从“事后补偿”向“事前预防”和“事中干预”转变，并在此基础上，帮助客户连接各类金融产品，完善客户的金融生活体验。最终，在“连接器”的作用下，与丰富的生态场景连接，让客户真正体验到人性化的新保险。

（一）人和保险产品

创新技术的应用，极大改变了客户与保险公司的连接方式。

在产品设计方面，随着技术的广泛应用，促使全天候、全方位的数据收集得以实现，这样数据的可获得性和精准度均得到了大幅提高，这意味着保险公司为客户提供定价更精准的保险产品提供了有力支撑。此外，通过数据的追踪和引导，保险公司可以帮助客户主动采取风险预防措施，化解潜在的风险，或在发生风险时有效控制风险带来的破坏。例如，借助智能家居系统中各类联网设备，保险公司在发现客户房屋中发生燃气泄漏时，将自动触发警报，提醒保险公司协助客户开展风险排除，可以有效避免客户的人身损害或财物损失。再如，可将用户的动态健康数据纳入保险定价指标体系，引导客户进行自我健康管理，促进非优质体质向优质体质转化，真正为客户提供人性化的服务体验。

在保险服务方面，借助技术的支持，保险公司得以实现与客户“零距离”和“零时差”的紧密连接。基于人工智能等技术，保险公司可以随时与客户进行互动沟通，真正让保险融入客户的生活当中。例如，依靠可穿戴设备、智能家居及车联网等，保险公司在提供健康险、家财险及车险的同时，也可以随时为客户带来相关的服务支持，包括体检、家政维修、车辆保养等。

在与客户的交互方面，保险公司借助人工智能，深入应用自然语言处理、声纹识别、情感识别等技术，让机器不仅能“听懂”人类的语言，更能理解客户语言中所蕴含的情绪，并能持续追踪客户情绪的变化，进而在不同阶段采取相应的应对方案，给予客户更贴心的关怀和抚慰，提升客户的情感体验。例如，在理赔发生时，对于客户方，在情绪方面往往会有较大的起伏，此时人工智能技术的重要作用就尤为明显，它可以辅助保险公司去实现快速反馈和决策，帮助客户平复情绪，提高整体的理赔体验。

在客户关系方面，通过对众多维度客户数据的挖掘分析，保险公司可以针对每个客户建立独立的个性化信息库，结合用户特征，适配不同的交互渠道和方式，提供更具针对性的保险产品和服务，提升客户感知，建立更加个性化、人性化的新型互动关系。

总体而言，人工智能等技术的发展能够不断帮助保险公司建立与客户间更具有弹性的互动关系。

（二）人和金融产品

以保险为起点，新保险在技术的支持下，可以帮助客户连接更多种类的金融产品，并提供最人性化的服务体验。

保险连接的金融产品更具多样性。从范畴上讲，保险行业是大金融行业的重要组成部分。从功能上讲，保险公司则可以在保险的基础上实现“投、保、贷”一体化的金融服务。保险的保障功能，是其在大金融行业中的不可替代的差异化功能，保险产品与其他金融产品最根本的区别即在于保险所提供的保障性。随着创新技术应用程度的加深，保险针对更多的风险场景能够实现更精准的定价，也将为客户提供更多更有保障的产品连接。从投资理财角度来看，保险的财富管理功能是经济社会发展成熟与否的重要标志，虽然行业在过去几年走过一些弯路，但这更多的是“打法的问题”，而非“功能的问题”。长期型的寿险产品、年金产品等可以为用户提供资产配置的重要选择。从信用信贷的角度来看，保险所具备的风险识别和定价功能使其可以承担大金融重要底层产品的角色。以信用保证保险作为“连接器”，保险行业可以实现广泛的信贷类产品和资产类产品的连接。保险具有灵活的信用风险定价和输出能力，可以利用保险的连接优势，基于各个维度的数据，对用户实现信用风险定价。在此基础上，一方面保险机构出具保单，对中小企业和广大用户进行信用背书并承担实质性的风险管理职能，另一方面保险机构连接银行、信托等资金方，可以让用户“保单”变为“贷款”，解决融资难、融资贵的问题。同时，基于保险的标准化和通用性，被承保的大量消费金融资产，还有机会进行更标准的结构化 ABS 产品设计，进而更好地实现资金融通。

因此，可以说，保险打造的连接体验更为人性化，始于保险又不终于保险。保险提供的金融产品连接，能够充分满足客户一站式的金融服务需求，为客户带来高度一致性的产品和服务体验。

我们相信，在新保险的逻辑下，保险的属性和功能会进一步拓宽，本质上这也是基于科技的力量，对保险本质功能属性的更充分挖掘。新保险在技术的支撑下，将充分发挥保险“连接器”的作用，为客户连接各类产品和服务，最终构建出一个以客户为中心的人性化保险生态。保险公司为客户设计各类保险产品并提供全方位优质的保险服务，以及与保险挂钩的金融产品，从而去为客户个人或整个家庭建立综合风险管理保障体系，为其构建较完整的资产负债表。在这个过程中，保险公司以客户为中心，帮助客户实现了健康、医疗、养老、消费、出行等众多不同的生活场景的连接，提供“投、保、贷”一体化金融服务体验，进而让保险发挥“让金融生活更温暖”的行业使命。

三、新保险，更强大的生态

在保险科技的不断推动下，新保险不断发展壮大，并以“连接器”“稳定器”“助推器”的姿态，为客户提供更丰富的生态连接、更全面的风险管理以及更能动的发展助推。

新保险构建的生态与传统生态的差别，在三类主体上分别表现如下。

（一）客户

客户覆盖更加广泛。与传统保险相对较为垂直的客群需求不同，新保险通过对更多生态场景的连接，实现更多服务、更多产品、更多方式的连接，将更广泛的客户纳入了新保险的生态。这些客户的纳入，使得新保险的普惠性得以实现。

客户需求更加多元。多样化客户带来的多元化的产品需求，构成了新保险生态的基础。围绕对多元化需求的满足，新保险将实现“C2M”新模式，为客户带来定制化的产品、个性化的匹配、人性化的服务和亲民化的价格。

客户联系更加紧密。围绕更强大的生态，更丰富的产品和更人性化的服务，新保险与客户的联系也更加紧密。尤其在各类创新技术的支撑下，新保险与客户能够实现时时处处的联系，随时随地为客户提供风险保障，真正实现人人有保险、时时有保险和处处有保险的发展愿景。

（二）行业

行业发展更具持续性。科技驱动的市场越是多样，客户的需求种类越是多元，新保险提供的连接就越是强健，整个保险生态就愈是强大。

在更加多样化的需求驱动下，整个行业势必投入更多的资源，进行相应的产品开发、服务提供和场景连接，行业发展将注入更强的能动性。

行业主体多元化呈现。不仅有传统保险公司、互联网保险公司等，也有像保险中介公司、保险相关第三方平台公司的加入，新保险体系下的保险生态主体类型随着技术的不断发展和需求的不断涌现也将更加丰富、多元，支撑未来新保险生态更为蓬勃的发展。

（三）监管

监管更加全面有效。随着创新技术的应用，新保险生态下的保险监管覆盖将更加全面，操作将更加有效。一方面，庞大的新保险生态内，更多行业主体的涌现和更多生态主体的加入，都要求监管与时俱进地扩大监管覆盖范围。而庞大的生态，也需要更有效的监管操作方式，支撑生态的稳定健康发展。与此同时，技术带来的支持，使得监管部门能以更加连续、稳定和有效的监管措施，深入生态内部，达成监管目标。

监管更加开放包容。随着新保险体系的不断发展壮大，跨时区、跨地域的联系也将更加紧密，这也为全球范围内的监管合作提供了全新的契机。走在全球保险科技发展前沿的我国保险监管机构也将不断实现监管理念和经验的输出，协同各国共同构建覆盖全球的新保险监管体系，营造更加开放和包容的创新监管环境，以新思维和新理念，推动保险业全面迈向新保险的新未来。

第六章　构建完善的保险市场与监管体系

自从1980年我国重新恢复保险业务以来，至今已走过40多年的风雨历程。40多年来，我国的保险行业对内对外都采取了很多的创新措施，已经形成了相对成熟的保险市场体系。保险市场体系与监管体系建设已日趋成熟，在市场机制领域的风险管理与金融活动中，起到了越来越重要的作用，并推动了保险业的快速发展。

第一节　保险市场与监管的内涵

保险市场，指的是保险商品供给和需求关系的总和。保险市场的交易对象是保险保障，保险公司提供各类保险商品以满足投保人不同的保险需求。保险市场主要分为财产保险市场、人身保险市场及中介保险市场。

一、保险市场

（一）保险市场的概念

保险作为商品经济的产物和组成部分，必然与市场产生联系，所以保险市场是保险经济关系赖以生存和实现的形式，它有狭义和广义之分。狭义的保险市场主要是指以保险中介人为沟通渠道的、具有固定交易场所和稳定交易行为模式的保险经营场所。例如，16世纪英国伦敦的保险业务均集中在皇家交易所内进行。广义的保险市场是保险商品交换关系的总和或是保险商品供给与需求关系的总和，它既包括了保险商品交换的场所，也包括了保险商品交换过程中需求与供给关系及其有关的所有活动。

参照市场的含义,我们可以给保险市场下一个定义:保险市场是指保险商品进行交换的场所,是保险交易主体间所产生的全部交换关系的总和。保险市场既可以有固定的交易场所,也可以没有固定的交易场所。在保险市场上,既可以面对面地交易,又可以通过电脑、电话等通信工具达成交易。

(二)保险市场的构成

一个完整的保险市场一般由保险主体、保险商品和保险价格三要素构成。保险主体一般由保险商品的供给方、保险市场的需求方和保险中介构成。保险商品是保险市场的客体。保险价格是被保险人为获得保险保障而由投保人向保险人缴纳的费用,它通过保险费率来体现。

1. 保险市场的主体

(1)保险商品的供给方。保险商品的供给方是指提供保险商品的各类保险人。保险人的组织形式多种多样。

(2)保险市场的需求方。各种各样的客户构成了保险市场的需求方。客户之所以购买保险商品,是因为他们存在着保险需求。社会中的每一个人,都面临着许多不确定因素,这些不确定因素会给人们的生产和生活带来诸多不便。于是,人们便产生了对保险的需求。

(3)保险市场的中介。保险市场中介又称市场辅助人,是指介于保险公司和投保人之间,促成双方达成交易的媒介人。保险市场中介主要包括保险代理人、保险经纪人和保险公估人。

2. 保险商品

保险市场的客体即保险商品。保险商品和一般商品不同,它的外在特征非常独特。它既是一种劳务商品,又是一种无形商品,它很抽象,无法被顾客直接感知和感受。这种无形性是保险商品和其他实物商品最重要的差异之一。

保险商品,它是一种"非渴求商品",也就是说大多数人们不会主动去寻求购买的商品。这种特征主要源于人们对危险发生的不确定性所存在的侥幸心理。同样,在这种心理的影响下,人们往往认为危险不会降临到自己头上,因此对于购买保险不感兴趣,不会主动要求购买保险。

3. 保险价格

所谓保险价格，就是某种保险的单位保险金额的保险费。所谓单位保险金额，即以一定数额的货币量作为该种保险的一个计量单位。每一个计量单位的保险费，就是保险费率。

(三)保险市场的种类

根据不同的标准，我们可以把保险市场作如下几种分类。

1. 财产保险市场与人身保险市场

按保险承保的标的划分，保险市场可分为财产保险市场和人身保险市场。财产保险市场是保险市场的重要组成部分，在这个市场上，保险公司承保的标的是各种财产，包括物质形态的财产以及与物质形态财产有关的利益。该市场又可分为财产保险市场、责任保险市场、信用保证保险市场。在人身保险市场上，保险公司承保的标的是人的生命和身体。人身保险市场又可分为人寿保险市场、意外伤害保险市场和健康保险市场等。

2. 中国保险市场与国际保险市场

按照保险活动范围来划分，保险市场可分为中国保险市场和国际保险市场。我国保险市场的发展程度和本国经济状况息息相关，我国的其他因素，如国家对保险业实施的宏观政策、地理环境、文化传统等，也会影响我国保险市场。我国保险市场可再分为地区性保险市场和全国性保险市场。国际保险市场是指由于保险人跨国经营保险业务而形成的市场。在国际市场上经营保险业务，面临的竞争会更激烈，当然，发展的空间也更大。目前，保险市场国际化已成为一种趋势，许多保险公司正实施全球化战略，以期占领更大的国际保险市场份额。国际保险市场可细分为区域性保险市场和全球性保险市场。①

3. 原保险市场与再保险市场

按照保险交易的层次，保险市场可分为原保险市场和再保险市场。在原保险市场上，投保人和原保险人直接进行交易，原保险人承担全部危险责任，原保险市场可分为我国原保险市场和国际原保险市场。在再

① 于光荣主编．保险理论与实务[M]．北京：北京理工大学出版社，2013.

保险市场上，原保险人把其所承担的部分或全部危险责任转移给再保险人。再保险市场可分为我国分保市场和国际分保市场。

4. 自愿保险市场与强制保险市场

按保险实施的方式划分，保险市场可分为自愿保险市场和强制保险市场。在自愿保险市场上，投保人能够决定是否投保，保险人能够决定是否承保以及以什么条件承保。然后，双方在自愿平等的基础上，签订保险合同，确定权利义务关系。而在强制性保险市场上，政府常以法律的形式对有关问题加以规定，个人没有选择的余地，必须参加。

二、保险监管

保险监管是政府对保险业监督管理的简称，是政府为保护被保险人的合法利益，通过法律和行政手段对保险企业、保险经营活动和保险市场进行监督和管理的行为。即国家通过制定保险法律法规，对本国保险业进行宏观指导与管理；同时，国家专门的保险监管职能机构依据法律或行政授权对保险业进行行政管理，以保证保险法规的贯彻执行。

（一）保险监管的内涵

可从以下几个方面来理解保险监督管理（保险监管）的概念。

1. 保险监管的主体

享有监督和管理权力并实施监督和管理行为的政府部门或机关，也称为监督管理机关。不同国家的保险监督管理机关有不同的形式和名称。目前，我国保险监督管理机关是中国银行保险监督管理委员会，简称银保监会。中国银行保险监督管理委员会成立于 2018 年，是国务院的直属正部级事业单位，是全国银行业、保险业的主管机关。根据国务院授权履行行政管理职能，依照法律、法规统一监督管理我国的银行业、保险业，维护银行业、保险业的合法、稳健运行。在中国银行保险监督管理委员会成立之前，我国保险监督管理机关是中国保险监督管理委员会。

另外，各个省市还设有银保监局，作为中国银保监会的派出机构，根据中国银保监会的授权，履行辖区内保险业的行政管理职能，依照国家有关法律、法规和方针、政策，统一监督管理属地银行业、保险业，维护银行业、保险业的合法、稳健运行,引导和促进银行业、保险业全面、协调、可持续发展。

2. 保险监管的性质

对于保险监督管理行为的性质,可从两方面来理解。

保险监督管理是以法律和政府行政权力为根据的强制行为。保险监督管理这种强制性的行为不同于以自愿为基础的保险同业公会对会员公司的监督管理,不同于以产权关系为基础的母公司对子公司的监督管理,也不同于以授权为根据的总公司对分支机构的监督管理。

在市场经济体制下,保险监督管理的性质实质上属于国家干预保险经济的行为。在市场经济条件下,为防止市场或市场配置资源失灵,国家具有干预经济的基本职能。对于保险市场而言,保险监督管理部门要体现监督职能,规范保险市场行为,防止市场失灵,维护保险市场秩序,保护被保险人及社会公众的利益。

3. 保险监管的领域、内容和对象

保险监督管理仅限于商业保险领域,不涉及社会保险领域。保险监督管理的内容是保险经营活动,除涉及保险组织的相关内容外,主要指保险业务经营活动,即“保险保障的生产活动”和“风险转移的生产活动”,还包括资金运用等。需要指出的是,保险监督管理对有些保险经营活动(如保险资金运用)需要与其他监督管理部门协调(如证监会)来实施监督管理。

4. 保险监管的依据

保险监督管理的依据是有关法律、行政法规、规章和规范性文件。在我国,法律主要是指全国人民代表大会及其常务委员会通过的法律,如《中华人民共和国保险法》《中华人民共和国公司法》等;行政法规是指国务院制定和发布的条例,如《中华人民共和国外资保险公司管理条例实施细则》;规章是指我国银保监会和国务院有关部委制定和发布的部门规章,如中国银保监会发布的《保险公司管理规定》《保险代理机构管理规定》《保险经纪机构管理规定》等;规范性文件是指国务院、中国银保监会、国务院有关部委发出的通知、指示、命令或制定的办法。这些通知、指示、命令或制定的办法虽不属于行政法规和部门规章,但具有执行效力,对保险业务的经营具有普遍的约束力,也是保险监督管理的依据。

(二)保险监管的必要性

保险监管的必要性主要体现在以下几个方面。

1. 建立和形成合理的保险市场结构的需要

这主要是由于保护自由竞争、反垄断、避免过度竞争的需要。

(1)保护自由竞争的需要。在自由经济的情况下,每一个经济利益都会追求理想的最大化行为,使其自身利益最大化。市场自由的核心在于自由竞争,竞争越充分,资源配置的效率就越高。因此,保险市场的竞争程度决定了该市场的效率,保险监管对保护保险市场的自由竞争十分必要。

(2)反垄断的需要。垄断是市场失灵的重要表现,反垄断是保险市场需要监管的重要原因。保险市场失灵的首要表现是保险市场的自然垄断。由于各家保险公司入市时间不同,经营管理水平、业务活动区域以及职工队伍素质各异,实力较强的保险公司有可能将其保险商品价格即费率降至边际成本以下,以此排挤其他保险公司,迫使他们退出保险市场,以便取得垄断地位,然后再抬高费率至边际成本以上,获取垄断利润,从根本上损害被保险人利益。因此,有必要通过保险监管,防止保险市场垄断。

(3)避免过度竞争的需要。过度竞争是由于有市场进入机制而没有正常的退出机制造成的,多数市场主体都达不到经济规模,整个市场集中度不高,它同样导致社会资源配置的低效率。保险市场上如果众多小公司达不到保险行业的合理规模,成本降不下来,反而因竞争的需要而将费率人为地压低,其后果是削弱甚至丧失偿付能力,最终损害被保险人的利益。因此,加强保险监管,防止保险市场上出现过度竞争是非常重要的。

2. 保险行业的特殊性

保险业需要监管的原因还在于保险业本身的特殊性。保险公司的经营是负债经营,其通过收取保费而建立的保险基金是全体被保险人的财富,保险公司一旦经营不善,出现亏损或倒闭,将使广大被保险人的利益受到极大损害。另外,保险公司的承保对象涉及社会各部门、各阶层,保险公司的经营一旦出现问题,影响甚大,所以应加强对保险业的监管。

3. 保险技术的复杂性

保险技术的复杂性,主要是指保险商品的价格即费率的拟定与普通商品不同,保险经营以大数法则为数理基础,只有通过集合足够多的保险标的,保险人才能计算出合理的保险费率。保险是一种无形商品,保险人所"出售"的是未来的损害赔偿责任,是一种承诺。保险人能否真正实现其承诺,承担保险责任,将取决于它是否具有足够的偿付能力。不仅如此,在很多情况下,这种承诺是长期性的,甚至可能长达几十年。所以被保险人(受益人)希望政府能够有效地监督保险人在未来的某一时期向他支付保险金。

(三)保险监管的基本原则

1. 依法监督管理原则

保险监督管理部门必须依照有关法律或行政法规实施保险监督管理行为。保险监督管理行为是一种行政行为,不同于民事行为。凡法律没有禁止的,民事主体就可以从事民事行为;对于行政行为,法律允许做的或要求做的,行政主体才能做或必须做。保险监督管理部门不得超越职权实施监督管理行为,同时,保险监督管理部门又必须履行其职责,否则属于失职行为。

2. 独立监督管理原则

保险监督管理部门应独立行使保险监督管理的职权,不受其他单位和个人的非法干预。当然,保险监督管理部门实施监督管理行为而产生的责任(如行政赔偿责任)也由保险监督管理部门独立承担。

3. 公开性原则

保险监督管理需体现透明度,除涉及国家秘密、企业商业秘密和个人隐私以外的各种监管信息应尽可能向社会公开,这样既有利于保险监督管理的效率,也有利于保险市场的有效竞争。

4. 公平性原则

保险监督管理部门对各监督管理对象要公平对待,必须采用同样的监管标准,创造公平竞争的市场环境。

5. 保护被保险人利益原则

保护被保险人利益和社会公众利益是保险监督管理的根本目的,同时也是衡量保险监督管理部门工作的最终标准。

6. 不干预监督管理对象的经营自主权原则

保险监督管理对象是自主经营、自负盈亏的独立企业法人,在法律、法规规定的范围内,独立决定自己的经营方针和政策。保险监督管理部门对监督管理对象有实施监督管理的权力,负有实施监督管理的职责,但不得干预监督管理对象的经营自主权,也不对监督管理对象的盈亏承担责任。

(四)保险监管的方法

保险监督管理部门对保险监督管理对象进行监督管理的方法主要有现场检查和非现场检查两种。

1. 现场检查

现场检查是指保险监督管理机构及其分支机构派出监督管理小组到各保险机构进行实地调查。现场检查有定期检查和临时检查两种,临时检查一般只对某些专项进行检查,定期检查要对被检查机构做出综合评价。

2. 非现场检查

非现场检查是指保险监督管理部门审查和分析保险机构各种报告和统计报表,依据报告和报表审查保险机构法律法规和监督管理要求的执行情况。非现场检查能反映保险机构潜在的风险,尤其是现场检查间隔阶段发生风险的可能,从而提前防范风险。在西方发达国家,非现场检查得到了普遍的重视和应用。而在大多数发展中国家,由于报告信息资料和数据准确性差,使风险分析和评估缺乏可靠性和科学性。①

现场检查与非现场检查这两种监管方法各有特色。非现场检查限于反映一个时点信息,能够帮助人们有效地确定开展现场检查的范围,调整进行现场监督的频率,增强现场检查的针对性,它的作用的发挥完

① 唐东升, 张霞主编. 保险理论与实务[M]. 北京: 北京理工大学出版社, 2017.

全依赖于资产负债表等报表的真实性。而现场检查方法可以获得真实和全面的信息,为对被检查单位做出准确评价提供了依据。通常情况下,应该把现场检查和非现场检查两种方法结合运用。

(五)保险监管的方式

1. 公示方式

公示方式亦称公告管理,指政府对于保险行业的经营不进行直接监督,而是规定保险人按政府规定的格式将其资产、负债、财务成果及相关事项公布于众的管理方式。保险人经营的好坏,由被保险人及一般大众进行评判,而政府对保险人的组织形式、资金运用、规模大小等不多加干预。这种监管方式是政府对保险市场进行监督管理的各种方式中最为宽松的一种。这种监管方式必须具备一定的条件,如保险人具有相当的自律性,国民有较高的文化水平,社会各界对保险有相当的了解并对保险业的经营有正确的判断。历史上英国曾采用过这种监管方式,到20世纪80年代已被放弃。

2. 准则方式

准则方式又称规范方式,是指由政府制定出一系列有关保险经营的基本准则,要求保险人共同遵守,并对执行情况进行监督。这些基本准则仅涉及重大事项,如保险公司的最低资本额、资产负债表的审查、法定公布事项的主要内容、监管机构的制裁方式等。这种监管方式注重保险经营形式上的合法性,较公示监管严格,但仍未触及保险业经营管理的实体。加上保险技术性强,涉及的事物复杂多变,所以仅以某些基本准则,实际上很难起到监督管理保险人经营的作用。因此,这种方式在现实中逐渐被淘汰。

3. 实体方式

实体方式亦称许可方式,指国家保险监管部门在政府制定保险法规的基础上,根据保险法规所赋予的权力,对保险市场实行的全面有效的监督管理。其监管的内容涉及保险业的设立、经营、财务乃至破产清算。其监管的内容具体实际,有明确的衡量尺度,是对保险业监管中最为严格的一种。

4."互联网 +"方式

在当今信息化时代,传统监管模式面临严峻挑战。未来将着重强化非现场监管,运用"互联网 +"的方式探索一条监管新路,大力推进新型监管信息平台建设。

目前,我国正以保险中介交易为主线建设开放式资源平台,即保险中介云平台。监管机关将通过中介云平台随时掌握市场交易情况,第一时间发现违法违规问题及线索,第一时间处置可能发生的风险,有力打击违法违规操作,防范化解中介风险。

(六)保险监管的目标

由于商业保险具有盈利性,容易导致恶意竞争。加上保险合同具有附和性,很容易使被保险人处于不利位置。因此,保险监管的目的是要维护保险市场的秩序,保护被保险人的利益。我国保险法第 134 条规定:"保险监督管理机构依照本法和国务院规定的职责,遵循依法公开、公正的原则,对保险业实施监督管理,维护保险市场秩序,保护投保人、被保险人和受益人的合法权益。"具体目标体现在以下几个方面。

1.保证保险人的偿付能力,防止保险经营的失败

保险人的偿付能力是指保险人对其责任范围内的赔偿或给付所具有的经常偿付能力。投保人购买保险的目的就是在保险事故发生并造成损失时,能让被保险人得到经济上的补偿。如果保险人不具备这种能力,保险就失去了存在的意义。因此,许多国家把偿付能力的监管列为第一目标。许多监管措施,如资本金、保证金、各种准备金、最低偿付能力、承保限额、法定再保险等规定,以及财务报告与检查制度等,都是为了实现这一目标而制定的。

2.保证保险交易的公平性和公正性,防止利用保险进行欺诈

保险是以风险为经营对象,投保人自愿缴纳保险费,保险人对风险损失进行赔偿或给付的行为,都是在遵循最大诚信原则的前提下进行的。但商业保险以盈利性为经营目标,保险人为了追求更多的利润,存在不断扩大经营规模的内在动力,保险人之间也存在恶意竞争的可能性。因此,现实生活中,利用保险进行欺诈以获得不当利益的案例也确实存在,也有保险人利用保险合同的附和性设置不平等条约的现象,这

就阻碍了与保险交易有关的当事人平等地参与市场交易。为此,许多国家都利用监管来规范和约束保险交易各方行为,并对保险欺诈行为进行处罚。

3. 保证保险经营的效率性,提高被保险人的利益

保险监管机构应维护被保险人的合法权益、维护公平竞争的市场秩序和保险体系的整体安全与稳定;同时,作为行业行政管理部门,还必须做好保险发展的中长期规划的研究和制订,研究保险发展的重大战略、基本任务和产业政策,要通过规划、指导和信息服务引导保险业发展的方向,促进保险业健康发展。要通过干预、管理和协调等方式,在全行业内合理引导保险资源流向和配置保险资源,促进保险人适度地规模经营,提高保险经营的效率。只有保险行业健康发展了,保险人的经营效率提高了,投保人才能得到更合理的、优惠的费率,被保险人的利益才能得到提高。

必须指出的是,监管者有效地履行监管职责,是实现监管目标的必要条件,但要将这些目标变成现实,单凭监管者的努力是远远不够的,还需要有保险人、保险中介人和被保险人的配合与支持,需要良好的经济、金融、法律环境,以及市场参与者的竞争意识、风险意识、法律意识、责任意识、道德意识、信誉意识和自我保护意识的配套与支撑。

第二节 明确保险市场的主体结构与基本特征

一、保险市场的主体结构

保险市场的构成要素,主要有保险市场主体、保险市场客体、保险市场价格和保险市场机制等。

(一)保险市场主体

保险市场主体,也就是市场活动的主要参与者,那么保险市场的参与者是由保险保障的供给者、需求者以及监管保险活动的政府等组成。具体说保险市场就是由保险人、投保人或被保险人以及政府等主体组成,保险市场主体的分类见图 6-1。

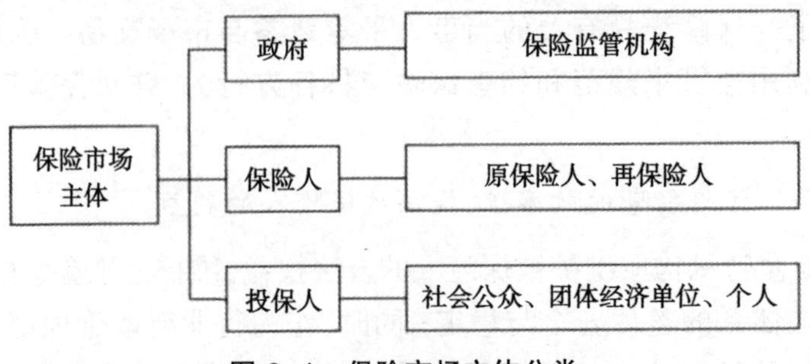

图 6-1 保险市场主体分类

在我国，保险人是指提供保险服务的各类保险公司，是各种保险产品的供给方。社会保险的供给主体是各级政府的劳动和社会保障机构，政府运营社会保险的目标是解除社会人在年老、疾病、工伤、失业、生育等风险的后顾之忧，化解社会矛盾，实现社会成员平等、共享社会经济发展成果。投保人或被保险人是由社会团体、经济单位及个人组成。鉴于保险市场的特殊性，政府监管部门是保险市场正常有序运营中至关重要的主体。

（二）保险市场客体

保险市场客体是指用于交易的各类保险产品和保险服务，保险市场的商品具有不同于其他商品的特征：非渴求性、无形性和复杂性。

（三）保险市场价格

保险价格，即保险费，其有理论价格和市场价格之分，理论价格是单纯以影响保险供给的内在因素如成本等为基础而形成的价格；市场价格则是通常所说的交易价格，要受市场竞争、货币价值、保险标的、国家有关政策及替代品的价格等诸多外部因素的影响。保险产品价格通常由净保费和附加保费两部分组成，净保费用于保险金的给付，通过精算技术核定该风险成本；附加保费则包括保险人的经营管理费用及其应得到的利润部分，要充分考虑市场变化因素，保险人经营保险业务盈利主要取决于其附加保险费的运营。

保险市场价格是保险供给需求双方博弈的结果，保险市场供求平衡，是指在一定的费率水平下，保险供给等于保险需求的状态，即保险供给与需求达到均衡点，如图 6-2 所示。P 表示保险费率，Q 表示保险的供给(需求)量,需求线与供给线的交点E就是均衡价格,在此点,保险公司通过提供一定量的保险商品,实现利润的最大化,而保险消费者通过购买该价格下一定量的保险商品,实现效用最大化。

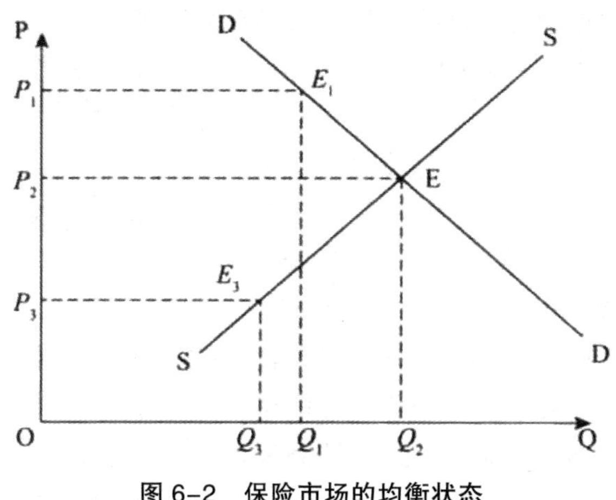

图 6-2　保险市场的均衡状态

(四)保险市场机制

1. 市场机制的一般原理

市场机制是指价值规律、供求规律和竞争规律三者之间的相互联系、相互作用、互为因果的关系。竞争是市场经济的灵魂,优胜劣汰以达到资源的优化配置。价值规律是商品经济的基本规律,要求商品交换以价值为基础,实行等价交换。商品价格由价值决定,受供求关系的影响,价格以价值为中心,围绕价值上下波动;供求规律体现的是供给和需求之间的必然联系,供给总是随着需求的变化而变化,需求旺盛,供给将增加,需求乏力,供给将减少;竞争规律包括生产者之间竞争、消费者之间竞争以及生产者与消费者之间的竞争。市场机制的定价机制取决于供求关系,如果供求平衡,价格就会趋同于价值;如果供大于求,价格将低于价值;反之,价格则高于价值。[①]

2. 保险市场机制的作用

在保险市场上,价值规律、供求规律和竞争规律都起着重要的作用。

保险价值规律的作用是实现保险资源的合理配置,在保险市场上,

① 齐瑞宗主编．保险理论与实践[M].北京:知识产权出版社,2015.

竞争性与盈利性是衡量保险公司价值的重要指标,价值规律将引导保险的资金、技术、人才等要素实现合理配置。在信息化、全球化的新时代,保险市场所遵循的是价值规律,并以此提高保险公司的核心竞争力。

供求规律这个基本规律是保险市场在流通领域的主要规律,通过保险商品的供求关系,影响保险价格。但保险商品的独特性决定了供求关系影响保险价格的时效性,短期来看,保险供给与需求关系对价格的影响较大,保险公司需要及时了解保险市场需求,制定适宜的产品价格,也避免保险价格的短期波动;但长期来看,保险供给与需求依据大数法则精算是平衡的,价格会趋于稳定。保险市场价格的另一重要因素是危险发生的概率,如果概率高,其价格就高;反之,其价格就低,还要考虑长期保险费的投资收益,保险公司的营销成本与管理成本。

保险市场的竞争机制是严格地依靠业绩优胜劣汰,保险企业要想有序生存和良性发展,就会将成本控制在最小化、收益最大化,以保持较好的运营状态,其中业绩较好、综合竞争力较强的公司将能持续健康良性发展,而业绩较差、资金等综合竞争力较弱的保险公司将会逐一被市场竞争淘汰,促使各家保险公司更注重从人性化服务、产品创新性能等方面做出突破,获得发展。

二、保险市场的基本特征

保险市场具有一般市场的共性,也有其独特性,保险市场客体不是普通的商品,而是对未来的不确定性损失提供补偿的各类保险产品。

(一)保险市场客体的“非物质性”

保险市场交易的对象是为未来不确定损失提供补偿,具有“无形性”或者称“非物质性”,这与一般的商品交易对象有实体物理特征不同,如果保险合同有效期内,没有发生保险事故,就不会产生保险理赔。因此,让保险市场客体——普通人接受和认识需要一个渐进过程。

(二)保险市场具有“期权性”

相对于即刻交易市场,保险市场具有“期权性”,是指保险合同双方不是立刻就能清算投入与产出,并不能确切知道保险交易的最终结果。

这是由保险经营对象来确定的，即风险的不确定性，并且保险合同本身的射幸性使得保险交易双方都不能对交易结果有明确的认定。支付保险费和享受保险保障服务之间存在着时间差，有的数周或数月，还有的甚至长则几十年直至被保险人终生，保险市场的交易方式，具有预期性。

（三）保险市场经营对象是风险

一般的市场交易对象是商品和劳务，而保险市场交易对象是风险，它通过“大数法则”对同类风险产品进行市场定价，保险缴费形成保险基金，并对不确定时间发生的风险事故进行风险分散和损失分摊，由同类风险的全体投保人分摊发生保险事故投保人的损失，保险市场所涉及的交易对象比较特殊，在经营的过程中具备较强的专业性且经营所涉及的内容非常广泛。

（四）保险市场受政府干预性较强

保险市场经营对象是风险，涉及人身、财产、责任等诸多领域，保险市场运行是否良好，关系到很多家庭和个人的利益，也会影响到社会的稳定，因此，政府需要针对保险市场采取合理的监管手段，并对保险单审核、费率监管、风险准备金合规检验、保险资金投资风险进行监管。因此，保险市场具有浓厚的政府干预特征。

第三节 保险监管体系的构建

一、监管内容

对保险业的监督管理一般会涉及保险业的组织形式，保险组织的设立，保险组织的经营管理、财务管理、资金运用以及保险组织的解散和清算等内容。我国保险法分别从保险公司的形式和设立、保险经营规则、保险业的监督管理以及保险代理人和保险经纪人等方面对监管予以具体规定，成为保险业监督管理的重要法律依据。

从类别上来看，我国保险监管的基本内容主要包括：保险组织的监管、保险经营的监管、保险财务的监管和保险偿付能力的监管。

第一,对保险组织的监管,主要涉及市场的准入、退出及保险公司的组织形式等。

第二,对保险经营的监管,主要是对业务范围、保险条款、保险费率和再保险等的监管。

第三,对保险财务的监管,主要是对保险公司负债情况进行监管,其中保险准备金的提取和资金运用是监管中的重点。我国保险法规定保险资金运用的首要原则是安全性原则,同时保证资产的保值增值。我国保险法中,规定了保险公司的资金运用限于下列形式。

(1)银行存款。

(2)买卖债券、股票、证券投资基金份额等有价证券。

(3)投资不动产。

(4)国务院规定的其他资金运用形式。

第四,对保险偿付能力监管,主要包括对资本金要求、风险资本要求、保证金提取、保险保障资金建立等一些能够保证保险公司具有偿付能力的指标的监管,是保险监管的核心内容。只有在保险公司具有足够的偿付能力的前提下,才能使保险市场内各个主体的合理权益不致受到不合理的侵害,实现竞争性保险市场的稳定健康运行。

自 1980 年我国保险开始恢复后,我国保险监管机构的监管理念和监管重点在不同时期有着不同的侧重。在 1980 年到 1995 年之间,我国保险监管机构强调并实施的是严格费率管制,监管部门依照《财产保险合同条例》和《保险业管理暂行条例》,通过制定或审批保险产品的条款费率、控制市场准入条件等手段对保险市场进行监督;从 1995 年至 1998 年,我国保险监管机构的监管重心转向了对市场行为的监管,主要是针对保险市场中存在的不正当竞争等问题。

监管部门同时出台了一系列规范性文件,通过审批保险机构准入和条款费率、规范保险机构市场行为等监管手段,强化保险监管;从 1998 年起,我国的保险监管机构开始重视对保险公司偿付能力的监管,并逐渐形成了以偿付能力、公司治理和市场行为为“三支柱”的监管模式。

为了更好地加强偿付能力监管,完善监管制度体系,2012 年 3 月 29 日,中国保险监督管理委员会印发了《我国第二代偿付能力监管制度体系建设规划》,以建立我国第二代偿付能力监管制度体系(简称“偿二代”)。偿二代的整体框架由制度特征、监管要素和监管基础三大部分构成。

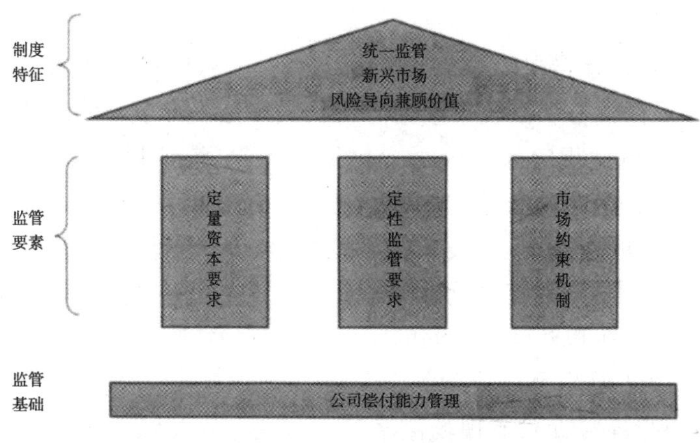

图 6-3 偿二代监管体系

其中，监管要素是偿付能力监管的三个支柱，是偿付能力监管的重要组成部分，三个支柱分别从定量资本要求、定性监管要求和市场约束机制三个方面对保险公司的偿付能力进行监督和管理。第一支柱定量资本要求主要包括量化资本要求、实际资本评估标准、资本分级、动态偿付能力测试；第二支柱定性监管要求则是在第一支柱基础上进一步防范操作风险、战略风险、声誉风险、流动风险等难以量化的风险，主要包括风险综合评级、保险公司风险管理要求与评估、监管检查和分析；第三支柱市场约束机制则主要通过对外信息披露及监管部门对市场约束机制的完善，促进市场力量更好地发挥对保险公司风险管理和价值评估的约束作用。

三、监管手段

当前，常用的保险监管手段有如下两种。

（一）现场检查

现场检查是指保险监督管理机构及其分支机构派出监督管理小组到各保险机构进行实地调查，这种监管方式是用来帮助并弥补监管机构日常监督的漏洞或缺陷，能提供日常监督所出现的信息漏洞，能发现日常监督不能探究到的一些问题，具有真实性和全面性的特点。

（二）非现场检查

非现场检查是指保险监管部门审查和分析保险机构各种报告和统计报表，并依据报告和报表审查保险机构法律法规和监督管理要求的执行情况，主要包括规定保险公司提供财务报告、统计报告、精算报告及其他信息的频率和范围，设定编制财务报告的会计准则，确定保险公司外部审计机构的资格要求，设定技术准备金、保单负债及其他负债在报告中的列示标准等，具有时间和空间上的优势，但所提供的材料可能存在真实性、完整性和准确性方面的问题。

根据我国《保险公司管理规定》第 91 条的规定，“我国银保监会对保险机构的监督检查采取现场监管与非现场监管相结合的方式”，综合运用上述两种互补的保险监管手段，对保险公司进行监督管理。

四、监管的国际化

自从我国加入 WTO 后保险市场日益国际化，我国保险业的监管也有意识地加快了其监管国际化的步伐，尽可能达到保险监管的水平与国际惯例的无缝衔接。

一般而言，当前世界保险业主要有两种监管模式：一是对市场行为的监管，对保险经营主体进行直接实体监督；二是对偿付能力额度的监管，即是对保险公司本身的日常经营行为不形成直接干预。另外，从国际经验的角度上看，保险市场在其发展的初始阶段，往往采取使用的是市场行为监管模式，而随着市场本身的发展及提升，会慢慢转变为比较宽松的偿付能力监管模式。

我国保险监督管理委员会根据保险市场的发展需求及其日益国际化的发展特点，对保险行业固有的保险监管制度进行了相应的改革和调整，慢慢地将监管重心进行了转变，由业绩为核心转向风险为核心，即由静态市场行为监管向动态偿付能力额度监管过渡，更为关注市场行为监管与偿付能力监管的双重重心，通过借鉴国际保险业监管经验，不断完善保险法律体系，综合并合理运用最低资本充足率制度、资产负债评价制度等手段，从而将偿付能力监测指标体系化，使其更完善，并借助保险业监管信息系统，根据国际审慎监管原则，构建更具国际化水平的保险监管体系。

第四节　我国保险市场发展的新变化及监管对策分析

一、我国保险市场发展的新变化

改革开放以来，随着国民经济的快速发展，我国保险业也得到了飞速发展，并取得了骄人的成绩，这主要表现在以下四个方面。

（一）保费收入迅速增大

从保费增长速度来看，保费收入的增长速度远远高于GDP的增长速度。从1981到2010年的30年里，我国GDP的增长速度基本维持在一个相对较平稳的水平，保费的增长速度始终高于GDP的增长速度，年平均增长率在20%以上，大约是GDP增长率的三倍。特别是从2000年以后，短短近20年的时间里，保费收入从2000年的1599.7亿元迅速增长到2019年的1.72万亿元，保险业已成为我国经济中发展速度最快的行业之一。从国际比较来看，2009年我国保费收入水平仅次于美国、日本、英国、法国等发达国家，以1630.47亿美元排在世界第7位，但截至2018年，我国已跃居世界第二位。说明目前我国保险业的保费规模已超过某些发达国家。

（二）市场规模不断扩大，市场主体不断增多

从资产规模来看，保险业的总资产已由起步时期国家注入的5000多万元增长到2009年的4.1万亿元，特别是从2000年至2020年，我国保险业的资产总额呈迅猛上升趋势，保险资产总额占GDP的比重也在不断提高。2020年，我国保险资产规模已高达21万亿元，这表明保险业在国民经济中的地位日趋明显。

在市场主体方面，保险公司数量从2002年的42家增加到目前的416家，其中财产保险公司87家，人身保险公司91家，保险集团和控股公司12家，再保险公司12家，保险资产管理公司24家，外资保险公司数量是190家。在较发达的国家当中，美国保险公司数量是较多的。尽管美国保险公司数量因新公司的成立和部分公司的倒闭而不断波动，但

是保险公司的总数目一直维持在较高水平。

目前,我国保险公司总资产规模已初具规模,并进入保险业迅猛发展的快车道。

(三)保险密度和保险深度逐步提高

保险密度和保险深度是衡量保险业发展水平的两个比较常用的指标。保险密度和保险深度越大,说明一国的保险业越发达。我国保险密度一直呈平滑上升趋势,尤其是近年来增长势头加快。我国保险市场的发展也逐渐趋于理性,由过去盲目追求扩大市场份额、增大规模逐渐向规模与效益并举转变。

我国保险密度还有进一步向上发展的空间,这与我国保险业的地区差异和城乡差异有关。东部地区经济比较发达,相应的保险业务发展也比较快,保险密度较高,而广大中西部地区和农村地区的保险业发展相对滞后,保险密度较低。因此,中西部地区保险市场的开拓空间将更为广阔。

(四)市场集中度不断下降,行业竞争力不断增强

一般情况下,一个行业中的企业数量越多,市场集中度越低,该行业竞争程度也越高。对一个行业的集中程度可以有多种度量方式,国际上通用的度量标准——市场集中比率(Concentration Ratio,CR)。市场集中度是指市场上少数几家最大企业所占的份额,计算公式为:

$$CR_n=\sum_{i=1}^{n}X_i/\sum_{i=1}^{N}X_i$$

在保险业比较发达的国家,保险业经过多年的发展,保险公司的数目相对来说也比较多,市场竞争比较激烈,市场集中度较小。从世界范围来看,在开放的经济条件下,尤其是全球一体化的趋势下,一方面,有效的竞争有利于促进市场公平、服务的改善、成本的降低;另一方面,我国保险市场具有巨大的潜在需求,我国已进入世界最大的保险市场行列。从长远来看,我国保险市场将会呈现竞争主体多元化、产品种类、层次多样化、市场竞争有序化的较稳定局面。

总体来看,我国的保险行业之所以取得令人瞩目的成就,归纳起来主要有以下两方面原因:一是国民经济的平稳快速发展为保险业发展

奠定了基础。世界保险业的发展历史证明，保险的发展与经济发展水平相适应，经济增长是保险扩张的基础，经济越发达，保险也越发达。改革开放40余年来，我国经济的高速增长使人们的生活水平从温饱逐渐步入小康，收入、消费水平也逐步得到提高，为保险业的发展提供了不竭的动力。二是市场化改革的不断深入推动并加速了我国保险行业的发展。我国保险行业的推进是在市场化改革的重要助力下进行的，保险业在发展中不断建立和完善市场机制，激活了行业的竞争因素，进而不断地推动行业的自我发展。

二、我国保险市场监管对策分析

（一）提高保险业的社会认知度，提升人民大众的保险需求

在新的市场环境下如何提高保险业的社会认知度是保险业亟待解决的一大挑战。在当今这样一个新时代、新经济、新形态下，要想进一步提升保险业的社会认知水平，需要做到“诚信”二字，应逐渐提升保险从业人员的专业素养，建立有效的诚信奖惩监督机制，更全面、精确地为消费者提供合理的保险产品，提升保险业的社会认知度。同时真正践行“行业信誉是赔出来”的方针。要切实改变重保轻赔的理念，彻底实现“手续够简、理赔够快”的理赔方式，丰富保险服务内容，让大家能够切实地感受到保险所带来的便利与保障，从行为上让民众不断地认同保险，接纳保险，从而提升社会公众的保险需求。

（二）加强监督监管体制建设，确保保险机制有效运作

加强监督监管体制建设，就是要确保保险机制有效运作，而确保保险机制有效运作，就要建立一套更加严格和有效的监督监管机制。建立这样一套行之有效的监管机制，要从以下三个方面入手：一是监管制度方面，相关领域的监管制度迫切地需要更新完善，运用更加科学、有效的保险评估利率和公开、透明的信息披露制度来推进费率市场化；二是要破除机构内部信息传导机制不完备，监管资源共享网络不完善，横、纵向信息交流存在障碍等问题；三是提升监管水平，加快相关基础设施建设，加强监管数据库系统的整合，将现代科技水平运用到监管体制中。

参考文献

[1] 陈辉著 . 相互保险，开创保险新未来 [M]. 北京：中国经济出版社，2019.

[2] 冯占军主编 . 保险理论与实践 [M]. 北京：中国金融出版社，2018.

[3] 李学英，赵长林主编 . 保险理论与实务 [M]. 广州：华南理工大学出版社，2011.

[4] 连平著 . 利率市场化，谁主沉浮 [M]. 北京：中国经济出版社，2014.

[5] 林秀清主编 . 保险理论与实务 [M]. 北京：北京理工大学出版社，2010.

[6] 刘骅著 . 科技保险理论与实践创新 [M]. 北京：中国金融出版社，2014.

[7] 刘亦明，董竞主编 . 中国保险史 [M]. 北京：中央广播电视大学出版社，2016.

[8] 齐瑞宗主编 . 保险理论与实践 [M]. 北京：知识产权出版社，2015.

[9] 邵学清著 . 科技保险的理论与实务 [M]. 北京：科学技术文献出版社，2011.

[10] 孙洁编 . 创新和改革驱动下的中国保险业 [M]. 北京中译出版社，2019.

[11] 唐东升，张霞主编 . 保险理论与实务 [M]. 北京：北京理工大学出版社，2017.

[12] 王明梅主编 . 保险理论与实务 [M]. 厦门：厦门大学出版社，2008.

[13] 夏敬编著 . 社会保险理论与实务第 2 版 [M]. 大连：东北财经大

学出版社,2011.

[14] 叶成徽,韩樾著 . 保险理论创新研究 [M]. 海口:海南出版社,2009.

[15] 于光荣主编 . 保险理论与实务 [M]. 北京:北京理工大学出版社,2013.

[16] 张彪编著 . 保险理论与实务 [M]. 合肥:安徽人民出版社,2009.

[17] 张建军主编 . 保险理论与实务 [M]. 西安:西安电子科学技术大学出版社,2020.

[18] 张建生主编 . 保险理论与实务 [M]. 北京:中国财政经济出版社,2001.

[19] 赵占波著 . 互联网保险 [M]. 北京:首都经济贸易大学出版社,2017.

[20] 中国保险学会编 . 保险理论与实践 2018 版 [M]. 北京:中国金融出版社,2018.

[21] 众安金融科技研究院著 . 新保险时代——金融科技重新定义保险新未来 [M]. 北京:机械工业出版社,2018.

[22] 刘静 .《保险理论与实务》MOOC 建设与实践——以安徽国际商务职业学院为例 [J]. 现代经济信息,2018(20):361-362.

[23] 刘静 .《保险理论与实务》课堂教学改革思考 [J]. 山东农业工程学院学报,2017,34(12):43-44+46.

[24] 刘静 . 基于校企合作背景下《保险理论与实务》技能型课程开发——以安徽国际商务职业学院为例 [J]. 山东农业工程学院学报,2018,35(10):184-186.

[25] 马小洁,汪凤佼 . 效用理论在保险实务中的应用分析 [J]. 中国民商,2018(07):289.

[26] 宋兹鹏 . 深入保险法律研究,提高保险理论和实务水平 [J]. 中国商界,2020(12):79.

[27] 唐红梅,刘玲均,陈薪宇 . 基于"新常态"下我国保险业发展的机遇与挑战 [J]. 中国市场,2017(11):111+118.

[28] 屠萍萍 ."1+2+3+4"模式下的参与式创新教学研究——以《保险理论与实务》课程为例 [J]. 教育现代化,2018,5(39):72-74.

[29] 屠萍萍 ."互联网 +"视角下的参与式创新教育研究——以《保险理论与实务》课程为例 [J]. 教育教学论坛,2018(46):231-232.

[30] 王亚强 . 试论本科保险专业实践教学的重要性 [J]. 法制与社会，2017（28）: 203-204.

[31] 熊伟 . 人身保险受益权理论与实务问题研究 [J]. 保险理论与实践,2018（08）: 109-124.